"互联网+"思维下城市出租车经营权行业监管模式研究
——以市场产权理论为基础

程金亮 著

东北师范大学出版社
·长春·

图书在版编目（CIP）数据

"互联网＋"思维下城市出租车经营权行业监管模式研究：以市场产权理论为基础 / 程金亮著. —长春：东北师范大学出版社，2023.3
ISBN 978-7-5771-0136-1

Ⅰ.①互… Ⅱ.①程… Ⅲ.①出租汽车－行业管理－监督管理－研究－中国　Ⅳ.①F572.7

中国国家版本馆 CIP 数据核字（2023）第 049420 号

□责任编辑：庞　凤　　□封面设计：优盛文化
□责任校对：程金亮　　□责任印制：许　冰

东北师范大学出版社出版发行
长春净月经济开发区金宝街 118 号（邮政编码：130117）
编辑电话：0431—84568095
传真：0431—85695744　85602589
网址：http：//www.nenup.com
电子函件：sdcbs@mail.jl.cn
东北师范大学音像出版社制版
石家庄汇展印刷有限公司印装
河北省石家庄市栾城区樊家屯村人大路与长安街西行 300 米路南
2023 年 3 月第 1 版　2023 年 3 月第 1 次印刷
幅面尺寸：170 mm×240 mm　印张：10.5　字数：181 千

定价：68.00 元

前　言

　　根据交通运输部发布的《2021年交通运输行业发展统计公报》，截至2021年底中国城市巡游出租车拥有量达139.13万辆，年客运输量266.90亿人。可以说，我国出租车行业已经进入一个新的规模化发展时期。但最近几年出租车行业却矛盾不断，先是"份儿钱"引致的全国各大城市出租车罢运事件不断上演，2014年后，由于互联网约车平台的出现，又引起传统出租车与网约车之间的市场竞争。出租车行业似乎已经进入了发展困局。有人曾这样形容出租车行业的问题，出租车行业是"小行业出了大问题"，甚至有人认为出租车行业"乱象丛生"。而在出租车行业的诸多问题中，出租车经营权市场运营问题又成为矛盾的焦点。在这种背景下，加强对出租车市场的管理，尤其是对出租车经营权市场的管理，理顺出租车经营权市场的产权关系，提高出租车经营权监管绩效就成了亟待解决的问题。

　　目前，理论界关于出租车经营权问题的研究，主要集中在出租车行业的政府管制、出租车经营模式、出租车经营权的转让方式及出租车市场利益主体关系等方面，而对出租车经营权市场产权问题的研究则相对较为薄弱。现有理论鲜有从市场产权理论视角，去探讨出租车经营权市场运营存在的问题和发生罢运事件的根源的。出租车行业之所以接二连三地发生罢运事件，从表面上看，其主要原因是出租车公司垄断经营、租金（"份儿钱"）太高、"黑车"过多等问题；但从深层次看，这暴露了目前出租车市场尤其是经营权市场产权制度安排混乱的问题。出租车经营权市场产权关系混乱、市场产权边界不清、市场主体权责利关系混乱，导致市场利益分配机制扭曲。因此，理顺出租车经营权市场中的产权关系、明确经营权市场产权的边界、明晰经营权市场各主体的权责利关系，就成为解决出租车市场矛盾的关键所在。在这样一种现实背景和理论背景下，本书试图从市场产权理论视角来探讨出租车经营权市场的产权制度安排问题，并以出租车经营权市场的经营模式为样本，在借鉴国内外有益经验的基础上，寻找出租车经营模式的优化路径，从而为提高出租车行业的监管绩效提供对策和建议。因此，本研究具有重大的理论意义和现实意义。

  基于以上的逻辑思考，本书的基本结构如下：第一章是本书的导论部分。本章主要介绍了本书的写作背景和意义，在对国内外相关研究进行评价的基础上，指出当前研究中存在的不足，由此提出了本书的研究思路，并介绍了本书的主要内容和创新之处。第二章主要概述了我国城市出租车行业的发展历史及行业监管的历史沿革，为出租车经营权市场产权理论和出租车经营权市场经营模式的研究打下基础。第三章是本书的理论重点和难点部分，重点剖析了城市出租车经营权行业监管的理论基础。出租车经营权市场是一种典型的经营权市场，要对出租车经营权市场产权理论进行分析，就必须要对经营权市场理论进行深刻的剖析。在此基础上，再对出租车经营权市场产权的核心内容进行剖析。出租车经营权市场产权的核心内容包括出租车经营权市场产权的界定、出租车经营权市场的产权关系、出租车经营权市场产权界定的成本及市场产权主体的归属等。第四章首先分析了传统出租车经营权配置和经营存在的问题，并从市场产权视角提出了解决问题的机制；其次分析了"互联网＋"思维模式下诞生的网约车对出租车经营权的配置和经营产生的冲击。第五章和第六章是本书的实证部分，主要介绍了国内外典型城市的出租车经营权转让与经营模式，并进行了比较分析。第七章前六章的基础上，为我国城市出租车行业的监管模式提供了一些创新思路和建议。

  本书在学术上的主要创新和突出特点体现在以下几个方面：

  一是从产权角度对市场体系进行分层。目前，学术界关于市场体系的分层思想相当多。但本书认为，在市场经济条件下，市场上商品交换活动的本质即经济主体之间经济权利的相互让渡。而经济主体之间相互让渡的经济权利至少包含所有权、经营权、使用权、占有权、处分权和收益权等几种形式。因此，本书根据不同类型权利的让渡关系，从产权视角将市场分为所有权市场、经营权市场、使用权市场、占有权市场、收益权市场和处分权市场，并对各种权利市场进行了研究。

  二是深化与拓展了市场产权理论研究。经营权市场是产权市场的一个层次，研究经营权市场产权界定以及经营权市场产权关系是对市场产权制度研究的延伸和细化。因此，研究出租车行业的经营权市场产权配置及其利益规制问题，无疑进一步深化与拓展了市场产权理论研究。

  三是构建了出租车经营权市场产权理论体系。出租车经营权市场运营矛盾不断，问题严重，其根本原因在于出租车经营权市场产权关系模糊、各市场主体之间的权责利关系不清。本书以市场产权理论为基础，通过分析出租车经营权市场产权的内涵、出租车经营权市场的产权关系、出租车经营权市场产权的界定成本及市场产权主体的归属等问题，构建了出租车经营权市场产权理论体系。

四是博弈论相关知识的运用。本书在对出租车经营权市场配置和运营存在问题的原因进行分析时，运用了博弈论的相关知识，指出出租车行业的利益诉求具有非重复博弈性。这种非重复博弈的行业利益诉求机制是行业利益分配扭曲化的一个重要原因，其引发了一系列行业矛盾，致使市场监管绩效低下。

五是本书认为，在出租车经营权市场中，不同的经营模式所涉及的市场产权关系是不相同的，出租车经营权市场的产权关系往往反映为各种不同的出租车经营模式。出租车经营权市场的经营模式实质上是对政府、出租车公司和出租车司机之间的责权利关系的描述。因此，对于反映出租车经营权市场产权关系的出租车经营模式，本书给予了高度重视，并以大量篇幅进行论证，通过对国内外典型城市的出租车经营权市场经营模式进行比较分析，提出了针对不同经营模式的优化路径，并为提高政府对出租车行业的管制绩效提供了对策及建议。

六是在研究方法上，本书做到了规范分析和实证分析相结合、案例分析和比较研究相结合、历史分析和逻辑分析相结合，并采用了博弈论、比较分析法等多种方法对出租车经营权市场监管模式进行了综合研究。

目 录

第一章 导 论 …………………………………………………………… 1
    第一节 选题的背景 ………………………………………………… 1
    第二节 研究的理论意义和现实意义 ……………………………… 4
    第三节 国内外研究现状及评价 …………………………………… 6
    第四节 研究思路、研究方法和创新之处 ………………………… 26

第二章 城市出租车行业的发展及行业监管的历史沿革 ………… 30
    第一节 城市出租车行业的历史演变 ……………………………… 30
    第二节 城市出租车行业的发展概况 ……………………………… 34
    第三节 城市出租车行业监管的历史沿革 ………………………… 39

第三章 城市出租车经营权行业监管的理论基础——市场产权理论 ……… 45
    第一节 经营权市场理论 …………………………………………… 45
    第二节 出租车经营权市场产权关系的核心内容 ………………… 74

第四章 城市出租车经营权配置与经营存在的问题及其分析 …… 99
    第一节 传统出租车经营权配置与经营存在的问题及其分析 …… 99
    第二节 基于市场产权视角的传统出租车经营权市场运营问题的解决
           机制 …………………………………………………………… 105
    第三节 "互联网＋"思维对传统出租车经营权配置的冲击及其分析 …… 109

第五章 国内城市出租车经营权转让与经营模式比较分析 ……… 112
    第一节 城市出租车经营权转让与经营模式及其比较分析 ……… 112
    第二节 典型城市出租车经营权经营模式实证比较分析 ………… 124

第六章 国外典型城市出租车经营权经营模式和行业监管模式比较与借鉴 ………… 130
第一节 英国模式 ………… 130
第二节 美国模式 ………… 132
第三节 日本模式 ………… 134
第四节 小　结 ………… 136

第七章 创新城市出租车行业监管模式 ………… 138
第一节 理顺行业管理体制 ………… 138
第二节 健全出租车行业营运机制 ………… 141
第三节 规范出租车经营权市场监管机制 ………… 144
第四节 协调出租车经营权市场主体的利益关系 ………… 147

后　记 ………… 149

参考文献 ………… 150

第一章 导　　论

第一节　选题的背景

2014年，网约出租车平台出现以来，网约车与传统出租车的市场竞争愈演愈烈，出租车行业改革成为热门话题。从中央各部委到地方各交通部门一方面纷纷出台相关政策规范对网约车的管理；另一方面积极尝试出租车行业改革的新思路，改革传统出租车经营权的运营模式。如，2018年6月，广州市交通委员会对外宣布，广州市出租车已试点取消承包费，试行收入分配新模式。面对新冠肺炎疫情的影响，多个城市也在试图减免出租车承包金。即便如此，出租车行业依然存在诸多问题。而深究问题的根源，其与出租车经营权市场运营有着密切联系。

一、城市出租车经营权市场运营问题严重

出租车是城市公共交通工具的重要补充。随着经济的发展和城市现代化进程的加快，出租车在我国大中城市迅速发展起来。相对于城市中的其他公共交通方式，出租车具有方便、快捷、舒适和服务面广的特点。因此，随着城市现代化进程的加快，出租车在城市交通中所占的地位越来越重要。第一，出租车满足了特殊人群的出行需求，弥补了城市公共交通的不足。交通需求和城市空间的不断扩大，致使城市的许多街道及郊区公交车无法到达。公交车无法满足人们特殊的出行需求，而出租车则不受此限制，可以直接通达，到户服务，因此可以较好地弥补城市公共交通的不足。同时，出租车以其方便、准时、安全、舒适、快捷的门到门式服务，满足了各种特殊人群的一般出行需求和一般人群的特殊出行需求。第二，出租车抑制了私人和单位自备车辆的增长，缓解了道路交通拥堵的情况，减轻了环境污染。随着人们生活水平的提高，人们的出行要求也相应提高，但是公交车无法满足一部分人的

个性化需求。因此，一部分人开始转向购买私家车。相对于私家车和公务车而言，出租车在满足人们需求上具有同等特性，但在长期成本上出租车却具有更大的优势，且使用效率更高。据测算，出租车的使用效率相当于私家车的 10 倍、公务车的 6 倍[①]。这样一来，出租车就可以在一定程度上抑制私人和单位自备车辆的增长，从而减轻城市道路的负荷，缓解道路交通拥堵，也减轻了机动车对城市环境的污染。第三，出租车创造了大量的经济和社会效益。出租车作为第三产业的一个重要组成部分，不仅为国家创造了大量的税收，也为社会创造了大量的就业机会。同时，出租车行业的发展可以带动汽车制造、汽车维修、加油、洗车，以及餐饮、旅游等相关产业的同步发展。此外，前几年，我国许多城市对出租车经营权实行有偿使用制度，经营权的有偿使用为城市公共事业的建设筹措了大量的建设资金。第四，出租车也是推行改革开放和促进国际交往的城市纽带。出租车从业人员的服务质量和职业道德水平可以从侧面反映出一个城市的精神文明建设水平，代表着一个城市和一个国家的形象。随着改革开放不断向纵深发展，我国的国际政治经济地位不断提高，旅游业也不断发展，大量国际友人来到我国参加政治、经济、文化和商务等各种活动，以及观光旅游。出租车作为城市最为便捷的交通工具自然就成了这些国际友人的主要代步工具。因此，出租车司机服务质量的好坏和职业道德水平的高低就直接影响着他们对这个城市印象的好坏，代表着城市和国家的形象。[②] 所以说，出租车是城市"流动的风景线"，是城市对外开放的窗口。

  但是，出租车的发展在给我们带来便利的同时，也带来了不少问题。例如，"黑车"过多严重干扰了合法出租车的运营，司机"份儿钱"过高严重破坏了司机的积极性，寻租问题严重致使利益分配畸形化，等等。如此多的问题致使出租车市场矛盾不断，罢运连连，有人曾这样形容出租车行业的问题，出租车行业是"小行业出了大问题"，甚至有人认为出租车行业"乱象丛生""富了公司、穷了国家、苦了司机、坑了百姓"。在出租车行业的问题中，出租车经营权市场运营问题则是矛盾的焦点。因此，在这样一种背景下，加强对出租车市场的管理，尤其是对出租车经营权的管理，理顺出租车经营权市

[①] 程金亮、周玲：《城市出租车经营权政府管制分析：基于市场产权视角》，《现代商贸工业》2013 年第 4 期，第 48-49 页。

[②] 朱晓海、李娅莉：《出租车企业存在的问题及发展对策研究》，《交通与运输》（学术版）2007 年第 2 期，第 81-83 页。

场的产权关系，提高出租车经营权行业的监管绩效就成了亟待解决的问题。

二、理顺经营权市场产权关系迫在眉睫

出租车行业接二连三地发生罢运事件，从表面上看，其主要原因是出租车公司垄断经营、租金（"份儿钱"）太高、"黑车"过多等问题；而从深层次来看，这暴露了目前出租车市场尤其是经营权市场产权关系混乱的问题。出租车经营权市场主体（政府、出租车公司、司机和乘客）无法准确定位其在出租车经营权运营和转让过程中的地位及明确的权利义务边界，市场主体权责利关系模糊，导致市场利益关系扭曲化。因此，理顺出租车经营权市场中的产权关系，明确界定经营权市场产权的边界，明晰经营权市场各主体的权责利关系，就成为解决出租车市场矛盾的关键所在。

关于出租车经营权的研究，早在1996年就引起了国内外专家、学者的高度重视。国外学者主要对出租车行业的公共政策，如出租车行业的政府管制措施、出租车经营模式等问题进行了讨论；而国内学者则对出租车行业存在的问题、原因及后果，出租车经营权是特别许可还是普通许可，出租车经营权转让方式，出租车经营模式，出租车行业市场的监管原因、监管方式及存在的问题，以及政府监管方向和政策法规规制等问题进行了全方位的研究。但他们对出租车市场问题的研究很少涉及出租车市场的产权关系，即使有所涉及也仅仅是作为问题轻描淡写地提一下。近年来，出租车行业矛盾突出、问题连连，其根本原因就在于出租车经营权市场产权关系混乱，产权边界不清，市场主体的权责利关系模糊。因此，要从根本上解决出租车行业的问题，我们必须理顺出租车经营权市场上的产权关系，明确界定经营权市场产权的边界，明晰经营权市场各主体的权责利关系，从而提高出租车经营权的行业监管绩效。本书正是基于这样的思考，试图从市场产权理论视角来探讨出租车经营权市场的产权制度安排问题，企图寻找提升出租车经营权行业监管绩效的路径。作为出租车经营管理体制的一个重要方面，出租车经营权市场的经营模式在很大程度上影响着出租车行业的监管绩效。因此，本书将会以样本呈现的方式重点分析出租车经营权市场的经营模式问题，为后面的对策和建议部分提供理论支持。

第二节 研究的理论意义和现实意义

一、研究的理论意义

市场产权研究由中南财经政法大学的曾繁华教授在国内外理论界率先提出，其提出的市场产权概念和应用价值得到了国内专家、学者的好评。武汉大学资深教授谭崇台指出，"市场产权问题的提出，是首次在国内产权研究方面的一个大胆尝试"，"填补了产权理论研究领域的一个空白"，"市场所有权作为经济学的一个基本范畴有着较为广阔的应用前景"[①]。陈正教授认为："提出市场本身也具有所有权属性的观点，对深化产权理论研究是大有裨益的。"[②] 曾繁华教授在论及市场产权的理论价值时也谈到，"市场产权"作为经济学的一个基本范畴，有丰富的理论内涵与实践基础，开展和深入对市场产权理论的研究，对于丰富和发展政治经济学、世界经济学和国际贸易学等学科体系建设，均大有裨益[③]。在这样一种理论背景下，本书从市场产权角度探讨出租车经营权市场产权制度安排问题，进而探讨提高政府对出租车经营权管制绩效的优化模式，无疑具有十分重要的理论意义。

具体来说，本书的理论意义体现在：第一，可以深化和发展市场分层理论。目前，学术界关于市场体系的分层思想相当多，学者从不同的角度对市场体系划分了各种不同的层次。但笔者认为，在市场经济条件下，市场上商品交换活动的本质即经济主体之间经济权利的相互让渡，而经济主体之间相互让渡的经济权利至少包含所有权、经营权、使用权、占有权、处分权和收益权等几种形式。"一个充分的市场主体，本来是这几种权利的统一体，但现代市场运行中更多的情况则表现为几种权利的分离，尤其是所有权和使用权的分离"[④]。因此，本书根据不同类型权利的让渡关系，从产权视角将市场分

[①] 谭崇台：《评曾繁华博士的〈中国企业技术成长机制及竞争力研究〉》，《经济研究》2002年第5期，第88-91页。

[②] 陈正：《"以市场换技术"的战略相关性：〈中国企业技术成长机制及竞争力研究〉评介》，《中南财经政法大学学报》2002年第1期，第136-139页。

[③] 曾繁华、鲁贵宝：《基于市场产权的国家竞争优势研究：一个新的经济全球化"游戏规则"及其博弈框架》，经济科学出版社，2008，第2页。

[④] 肖灼基：《市场经济实务》，中共中央党校出版社，1993，第89页。

为所有权市场、经营权市场、使用权市场、占有权市场、收益权市场和处分权市场，并对各种权利市场进行了研究，无疑可以进一步深化和发展市场分层理论。第二，可以深化与拓展市场产权理论研究。经营权市场是产权市场的一个层次，研究经营权市场产权界定以及经营权市场产权关系是对市场产权制度研究的延伸和细化。因此，研究出租车行业经营权市场产权界定、产权关系配置及其利益规制等问题，无疑会进一步深化与拓展市场产权理论与实践研究。第三，可以丰富与发展出租车经营权理论。出租车经营权市场运营矛盾不断，问题严重，其根本原因在于出租车经营权市场产权关系模糊、市场主体之间的权责利关系不清。本书以市场产权理论为基础，探讨出租车经营权市场的问题及出租车经营权的出让机制和经营模式，这无疑可以丰富与发展出租车经营权理论。第四，可以丰富与发展政府管制理论。一方面，政府投资（虽然其源于纳税人）兴建的城市公共道路这一"公共产品"（具有公共产品市场性质），具有"公共产权"（其产权主体归属政府）的性质，通行"谁投资谁所有、谁投资谁受益、以最少投资取得最佳效益"的原则；另一方面，若在公共产品市场再投资经营，就形成或产生了对公共产品市场的经营权。出租车经营权就属于这样一类公共产品市场的经营权，对于此类产品市场若实行一般特许甚至自由进出，势必会出现"公地悲剧"等问题。因此，政府对城市出租车行业经营权实行社会管制是完全必要的。当前，我国各大城市对出租车的管制主要表现为准入管制、数量管制及租价管制三个方面，其理论、实践及法律基础等问题，都关系到政府、出租车公司、司机及消费者四方的利益规制。因此，本书的研究可以丰富与发展政府管制理论。

二、研究的现实意义

改革开放以来，我国出租车行业蓬勃发展，但发展的同时也带来了许多问题。出租车行业矛盾不断，罢运、停驶事件接二连三地发生。在出租车罢运、停驶事件的背后隐藏着出租车经营权市场产权关系模糊、出租车经营权市场管理体制积弊较深等问题。因此，理顺出租车经营权市场的产权关系，明确界定出租车经营权市场产权的边界，明晰市场产权主体的权责利关系，从而提高出租车经营权市场的监管绩效，无疑具有十分重要的现实意义。

第一，可以为完善出租车经营机制与经营模式提供对策参考。近年来，随着"互联网＋"思维模式的发展，传统出租车行业与网约租车之间的冲突日益加剧，出租车经营模式也发生了相应的变化。面对网约车带来的冲击，出租车经营模式该如何转型升级，是继续原来的承包制还是实行新模式，是公司经营（包括公车公营、承包经营及挂靠经营等）还是个体经营等，这些都是出租车经营机制和经营模式面临的问题。城市出租车到底该采取何种经营机制和经营模式，这些都牵涉出租车经营权市场产权关系的安排问题。本书将在实证调研全国典型城市出租车经营模式的基础上，通过评估与比较其利弊以及借鉴国外经验，为完善出租车经营机制和经营模式提供对策与参考。

第二，可以为完善出租车经营权行业监管措施提供参考建议。历史上对出租车行业该不该监管、采取何种方式监管一直有争议，境外各地的做法也不一致。本书认为，中国城市出租车行业矛盾突出，罢运事件频发，原因之一就在于政府管理方面存在制度供给缺失。虽然从1999年起，国家相关部门及有关地方政府相继颁布了有关出租车行业的管理规定、条例或通知，但仍然存在诸多问题。本书将在调研中央及有关地方政府部门相关管理政策的基础上，结合典型城市政府对出租车行业的监管状况及存在的问题，提出完善政府对出租车经营权的监管措施及政策法规的建议。

第三，可以为美化城市形象及构建和谐交通提供对策与参考。出租车行业作为城市文明的窗口行业，关系到众多人的就业和日常出行，体现着一个城市的形象和管理水平，其经营能力与发展水平不仅体现着城市公共交通的整体实力，更被看成城市整体面貌的缩影而被冠以"城市名片"与"流动风景"等美誉。因此，经营好城市出租车行业对美化城市形象及构建和谐交通意义重大。

第三节　国内外研究现状及评价

一、产权理论的国内外研究现状及评价

（一）产权理论的国外研究现状

产权是一个历史逻辑概念，它是人类私有与交换的产物，私有和交换是产权产生和发展的母体。同许多经济学概念一样，产权概念也经历了一个由简单到复杂，由具体到抽象，不断演变发展的过程。在从古代到马克思主义创立这一漫长的历史过程中，对产权的研究并没有独立出现，而是混杂在法理学等理论研究中，主要涉及对财产关系及权利的起源、财产权利的性质，

以及它所规定的社会中各种人的地位等问题的研究。只是到了近现代，随着市场经济的蓬勃发展并逐渐占据主流地位，产权理论才逐渐独立出来并出现了大繁荣、大发展的黄金时期，尤其是以新制度经济学为代表的现代产权理论，对当代经济学理论产生了巨大的影响，其分析范围甚至超出了经济学领域，向涉及人类行为的、广泛的社会科学各领域扩张，形成了所谓的"经济学帝国主义"态势。

1. 马克思主义产权理论研究

马克思和恩格斯的产权思想也同样经历了一个逐步走向成熟的过程。概括地说，马克思在产权理论上的贡献主要表现在以下方面：（1）揭示了产权作为法律权利与物质生活的相互关系，纠正了历史上的产权研究只知从法律本身出发的唯心认识，提出了法权"根源于物质的生活关系"[1]；（2）论证了产权以生产资料所有权或所有制社会形态出现时，与社会生产及其生产关系的内在联系，并且全面系统地论证了所有制在社会经济发展中的重要地位及其在革命中的作用；（3）具体研究了历史上各种所有制形态及其产权形式的性质、特点，分析了产权在资本运动中形成多种分离状态的特点和意义，并就产权市场初期的发展进行了有益的论述。所有这些，都是马克思主义经济学的重要组成部分。[2]

2. 西方产权理论研究

一般认为，现代西方产权理论产生于20世纪30年代。到20世纪80年代中期，其理论体系基本成熟，主要包括企业性质理论、企业产权结构理论和制度变迁理论三个主要部分。现代西方产权理论的主要代表人物有科斯、阿尔钦、登姆塞茨、诺斯、威廉姆森等。

科斯是西方产权理论的奠基人和最重要的代表。在《企业的性质》和《社会成本问题》中，科斯集中阐述了产权、交易成本、外部性和资源配置的相互关系，形成了产权理论的两大基础理论即交易费用理论和"科斯定理"[3]。科斯指出：市场交易需要花费大量成本，寻找意图交易的交易者，了解交易者的交易意愿，为缔结交易契约而相互进行谈判，监督契约条款的履行，等等，都需要花费成本。"科斯定理"后来被约瑟夫·费尔德概括为三种情况：第一，在没有交易成本的情况下，权利的初始配置不会影响社会福利。第二，

---

[1] 王果纯：《现代法理学：历史与理论》，湖南出版社，1995，第119页。
[2] 曹钢：《产权经济学新论》，经济科学出版社，2001，第3页。
[3] "科斯定理"这个术语最初是斯蒂格勒（1966）创立的，并非科斯本人所概括。

在存在交易成本时，权利的初始配置将影响权利的最终配置，也可能影响社会总体福利。其必然推论为：与较小交易成本相联系的产权制度安排，是较优的产权制度安排；与较大交易成本相联系的产权制度安排，是较差的产权制度安排。第三，当存在交易成本时，通过明确分配已界定的权利所实现的福利改善可能优于通过交易实现的福利改善。[①] 在科斯之后，登姆塞茨、阿尔钦、E. G. 菲吕博腾、S. 配杰威齐、诺斯和威廉姆森等人又进一步发展了产权理论。

登姆塞茨从产权的功能角度对产权进行了定义，他认为："产权是一种社会工具，其重要性就在于事实上它们能帮助一个人形成他与其他人进行交易时的合理预期，这些预期通过社会的法律、习俗和道德得到表达。"[②] 很显然，登姆塞茨从产权的功能上对其进行了界定，强调产权是一种社会工具。登姆塞茨还强调了产权的行为性，他认为，"产权是界定人们如何受益及如何受损，因而谁必须向谁提供补偿以使他修正人们所采取的行动"。同时，"产权的所有者拥有他的同事同意他以特定的方式行事的权利"[③]。

阿尔钦则认为："产权是一个社会所强制实施的选择一种经济品使用的权利。私有产权则是将这种权利分配给一个特定的人，它可以同附着在其他物品上的类似权利相交换。"[④]因此，在阿尔钦的表述中，产权是一种选择的权利。当这种选择性权利被分配给个人，并具有排他性时，就变成了私有产权，这种排他性的选择权利同排他性物品一样可以进行交换。

E. G. 菲吕博腾和 S. 配杰威齐从社会经济关系角度对产权进行了界定："产权不是指人与物之间的关系，而是指由物的存在及关于它们的使用所引起的人们之间相互认可的行为关系。……它是一系列用来确定每个人相对于稀缺资源使用时的地位的经济和社会关系。"[⑤] 因此，从本质上看，产权反映的是一种在物的基础上产生的人与人之间的社会经济关系，并且这种权利是一种受限制的权利。

[①] 孙宽平：《转轨、规制与制度选择》，社会科学文献出版社，2004，第42-48页。

[②] H. 登姆塞茨：《关于产权的理论》，载 R. 科斯、A. 阿尔钦、D. 诺斯等著《财产权利与制度变迁：产权学派与新制度学派译文集》，刘守英等译，上海人民出版社，1994，第97-98页。

[③] 同上书，第97页。

[④] A. A. 阿尔钦：《产权：一个经典注释》，载 R. 科斯、A. 阿尔钦、D. 诺斯等著《财产权利与制度变迁：产权学派与新制度学派译文集》，刘守英等译，上海人民出版社，1994，第166页。

[⑤] E. G. 菲吕博腾和 S. 配杰威齐：《产权与经济理论：近期文献的一个综述》，载 R. 科斯、A. 阿尔钦、D. 诺斯等著《财产权利与制度变迁：产权学派与新制度学派译文集》，刘守英等译，上海人民出版社，1994，第204页。

第一章 导 论

诺斯是制度变迁理论的重要代表，他认为，一项制度之所以被创新取决于制度创新的收益和制度创新的成本，当制度创新收益大于制度创新成本时，一项新的制度安排就形成了。人们之所以选择创新一种制度安排是"因为有许多外在性变化促成了利润的形成，但是对规模经济的要求、将外部性内在化的困难、厌恶风险、市场失败，以及政治压力等原因，使这些潜在的外部利润无法在现有的制度安排结构内实现"[①]，因此，为了获得潜在的外部利润，人们就会冒着风险创造一种新的制度或变更一种旧的制度。而制度安排的创新到底会选择哪一种形式，取决于每一种形式的成本与收益，以及受影响团体的相对市场和非市场力量。[②]

（二）产权理论的国内研究现状

西方产权理论在 20 世纪 80 年代后期开始进入中国，并作为一门独立的研究学科，随着中国经济体制改革实践的发展而不断发展。20 世纪 90 年代，由于中国经济发展实践的需要，产权理论研究一度被推到了理论研究的高潮。这一期间，国内学者对于产权理论的研究可以说涉及多个方面，具体包括产权的定义、内容、权能、结构，产权市场理论以及产权制度与市场经济的关系等问题，并取得了一定的理论成果。

1. 产权的定义

目前，学术界关于产权的界定主要是基于产权与所有权之间的对照关系进行的。具体来说，主要有两种观点：一种观点认为，产权即所有权，二者在内涵上是相等的。例如，程恩富认为，"广义的产权和广义的所有权在内涵上可以相等"[③]。吴宣恭则认为，"所谓财产权，就是广义的所有权，简称产权"[④]。另一种观点则认为，产权不同于所有权，产权大于所有权。刘大生认为，产权大于所有权，产权除了包括占有、使用、收益、处置等所有权的四项权能以外，还包括财产获得权、财产利用权等所有权之外的权利。[⑤] 刘伟、平新乔将产权分为广义产权和狭义产权，广义产权包括所有权和债权；而狭义产权实际上就是债权，"是所有权在市场关系中的体现，本质上，它是在市

---

① L. E. 戴维斯和 D. C. 诺斯：《制度变迁的理论：概念与原因》，载 R. 科斯、A. 阿尔钦、D. 诺斯等著《财产权利与制度变迁：产权学派与新制度学派译文集》，刘守英等译，上海人民出版社，1994，第 274-291 页。
② 同上书，第 275-276 页。
③ 程恩富：《西方产权理论评析》，当代中国出版社，1997，第 74 页。
④ 吴宣恭：《论法人财产权》，《中国社会科学》1995 年第 2 期，第 26-37 页。
⑤ 刘大生：《产权基本内容研究》，《唯实》1999 年第 Z1 期，第 31-34 页。

场交易过程中财产作为一定的权利所必须确立的界区"。①

2. 产权的内容和权能

对于产权包含的内容和权能，国内理论界的观点也不一致。一些学者认为产权可以分为财产所有权、与财产所有权相关的财产权和债权、知识产权三种。其中，财产权就是指以所有权为实质内容而形成的一系列有内在联系的综合权利，包括经营权、收益权、相邻权等权利。此部分学者提倡"三权能论"。另一些学者则主张"四权能论"，认为产权作为广义的所有权，具体包括财产归属权、占有权、支配权和使用权四个方面的内容。这里所谓的归属权是指狭义的所有权，当狭义的所有权、占有权、支配权和使用权"四权"处于完整或不分离状态时就构成了广义的所有权，即产权。② 还有一些学者认为，完整的所有权权能结构应包括占有、使用、收益、处分和归属五种权能。其中，归属权能是核心、是灵魂，是所有权中最基本的权利。③ 赵万一认为，完整的所有权应包括以下六项权能：占有权能、使用权能、收益权能、处分权能、决定权能、终属权能。④

3. 对与产权相关的其他权利的研究

第一，对所有权问题的研究。一是关于所有权的产生问题。丁建中认为，所有权的产生源于分工和交换的相互促进以及与之相伴随的剩余产品的出现。对剩余产品的经常的、持续的占有和支配，引起了所有权观念的产生。⑤ 张鹏认为，最初的所有权观念是从家父权借用而来的，是一级政治实体主权的体现，而非法律意义上的权利。随着家庭主权地位的丧失，在借鉴人役权、地役权权利模型的基础上，产生了人对物所有的所有权概念，同时诞生了对他人物加以利用的地役权、人役权概念。⑥ 二是关于所有权的概念及其内容。周林彬认为，在法学史上，对所有权概念有两种观点，即"具体列举主义"和"抽象概括主义"。"具体列举主义"将所有权的内容概括为占有、使用、收益和处分等具体权能，而"抽象概括主义"则将所有权概括为具有排他性的全

---

① 刘伟、平新乔：《经济体制改革三论：产权论·均衡论·市场论》，北京大学出版社，1990，第2页。
② 黄少安：《产权经济学导论》，经济科学出版社，2004，第66页。
③ 欧锦雄：《所有权权能结构理论研究》，《河北法学》2000年第6期，第33-37页。
④ 赵万一：《论所有权的权能》，《现代法学》1985年第2期，第50-53页。
⑤ 丁建中：《分工、市场、产权的起源和演化趋向》，《安徽大学学报》1994年第1期，第10-14页。
⑥ 张鹏：《论罗马法中所有权概念的演化：从mancipium到dominium》，《云南大学学报》（法学版）2003年第4期，第112-118页。

面支配权。而且所有权概念包含两方面,一方面体现为所有权积极权能,即"所有人对物的全面直接支配"(不受占有、使用、收益、处分形式的局限);另一方面体现为所有权的消极权能,即所有权具有排他性,所有人得在权利行使范围内排除他人的干涉。但社会化的所有权往往只能在分离的权能中得到实现,并得以体现。分散的诸权能聚合所有权,聚合的指向是"剩余控制权"和"剩余收益权",这两种权能即法学理论上所力图表示的终极支配权。因此,所有权可以定义为:财产所有人对其财产所享有的,包括一系列可分离权能在内的终极支配权,所有权具有支配的排他性、占有的剩余性、可交易性和稳定性。[①] 李锡鹤认为,所有权"消极权能"不过是"积极权能"的逆向表现形式,是对积极权能的逆向表述,不是一种独立的权能,所有权无"积极权能"和"消极权能"之分。实际上,人们对物的支配,只是现实地控制物、利用物、收取物所派生的价值、变动物的形态和物上的权利四种形式,即所有权的占有、使用、收益和处分四种权能,所有权只有这四项权能。[②] 龙翼飞、杨建文认为,自由支配性和归属性是所有权的本质属性。归属权即排除他人,将某项财产据为己有,由己独占,是所有权的本体,排除他人独占财产体现着归属权的效力。[③] 谭玲认为,所有权应定义为:所有人对财产的占有、使用、委托经营、收益、受益、处分和诉请法律保护的权利。[④] 陈永正、朱仁友认为,所有权是"绝对权利",具有绝对性和"完全性"。当人们从可见的直接物质效用和利益的角度来描述这种财产权利时,人们强调的是所有权的"完全性",所有权即"完全所有权",也有人称之为"广义所有权",指的是"无限制的物上权益",即所有者在其物上独占地享有各项权能,包括使用权、收益权和处分权等。当人们从"非实在性"的角度即不从直接可见的物质效用和利益的角度来描述这种财产权利时,人们强调的是所有权的"绝对性",所有权即对其物的绝对权利这样一种法权。所有者的权利可以对抗除所有者之外的一切人,它的效力是绝对的,而非相对的,不会发生无效。[⑤] 赵万一认为,完整的所有权应包括以下六项权能:占有权能、使用权能、收益

[①] 周林彬:《所有权概念新探》,《贵州大学学报》(社会科学版)2000年第5期,第20-25页。
[②] 李锡鹤:《所有权定义形式之比较:与梁慧星先生商榷》,《法学》2001年第7期,第24-28页。
[③] 龙翼飞、杨建文:《论所有权的概念》,《法学杂志》2008年第2期,第70-73页。
[④] 谭玲:《所有权含义之我见》,《政治与法律》1986年第2期,第31-33页。
[⑤] 陈永正、朱仁友:《论所有权范畴》,《安徽大学学报》2003年第1期,第113-117页。

权能、处分权能、决定权能、终属权能。① 欧锦雄认为，完整的所有权权能结构应包括占有、使用、收益、处分和归属五种权能。其中，归属权能是核心、是灵魂，是所有权中最基本的权利。② 三是关于分散的诸权能聚合所有权的聚合指向问题。史尚宽的"处分权"说。"处分权"是诸权能分离后所有权的依托。史尚宽指出，"所有人为他人设定地上权及抵押权等各种他物权，虽其实质的内容几成一个空虚的权利，然所有人于保有其处分力之限度内，其所有权尚不失其统一支配力"。周林彬提出了"剩余控制权"和"剩余收益权"说。他使用剩余控制权和剩余收益权诠释了终极支配权。他认为即使所有权主体对财产的占有、使用、收益、处分权能都已分离，只要所有权未让渡，所有人就可依据终极支配权对财产的状态与收益进行最终的支配。王涌的"所有权的权利推理规则"认为，"所有权概念不仅指向所有权人可能享有的权利或可能参与其中的法律关系；同时，更为重要的是，它指向一种权利推理的规则"。权利推理规则可简明地表述为"对于物的某一种权利，如果其他人不能证明其合法享有之，那么，此种权利归属于物的所有权人"。杨开拓、索宁宁应用哈特的内在观点和外在观点理论从所有者的内在方面讨论，认为所有权除了有外在观察者看到的所有人对某物的拥有，对某物的自由占有、使用、收益、处分等权利，以及所有人常将所有权权能分散换取价值等行为之外，从内在方面看所有权还表示所有人拥有"这是我的"的一种意志，"某物属于我的"的内部表象是理解所有权概念的核心。③ 四是关于所有权与所有制关系的问题。景朝阳认为，所有制是生产关系的基础和核心，属于经济基础范畴，它是人们对物质资料的占有形式，所有权是由所有制形式决定的，所有权是所有制的法权形式；所有制的形式决定所有权的性质和内容，但所有权又可以反作用于所有制。④ 第二，对经营权理论的研究。当我国微观经济改革将国有资产的所有权与经营权相分离择定为主线后，法学界、经济学界对于经营权进行了大量的探讨。但学界专家对经营权内涵的理解却说法各异，至少有以下几种观点：（1）经营权即经营管理权。经营权是指国家授予企业经营管理国有资产的权利，因此经营权产生于国家授权行为，而经营权的实际内容则取决于国家在授权中所表现出的宽容度。（2）经营权即所有权或大

---

① 赵万一：《论所有权的权能》，《现代法学》1985年第2期，第50-53页。
② 欧锦雄：《所有权权能结构理论研究》，《河北法学》2000年第6期，第33-37页。
③ 杨开拓、索宁宁：《所有权概念之思考》，《广西政法管理干部学院学报》2003年第6期，第23-26页。
④ 景朝阳：《所有权与所有制概念探析》，《晋阳学刊》2008年第2期，第113-117页。

致等于所有权。经营权具有或基本具有所有权的一切权能,即占有、使用、收益和处分。(3)经营权即经济上的所有权。这一理解的基础是马克思关于双重所有权的理论。此外,还有人认为经营权即股份公司中经营者的权利。第三,关于占有权理论的研究。王利明认为占有是一种事实状态,占有权是所有权的一项权能,所有权是占有在法律上的反映。占有权作为所有权分离出来的一项权能,其权利范围不能超出占有权能的范围,即占有权不能包括使用、收益和处分权,仅为对物(生产资料和劳动产品)实行控制的权利。① 武哲、陈春丽认为,占有权也不同于占有权能,占有权是一种权利,它本身包含占有、使用、收益和处分权能,是一种建立在占有基础上的独立权利。第四,关于收益权的研究。张明龙认为,收益权表现为依靠财产获得某种经济利益的权利,可分为独享利益权、共享利益权等。② 谭玲将收益权和受益权进行区分,"收益权是指所有人收取占有物所产生的孳息的权利",而受益权则"是指所有人基于所有物而获得的利益"。③ 第五,关于处分权的研究。民法教科书上这样表述处分权,"处分权是对财产进行处理以决定其命运的权利。对财产处分可以有事实上的处分和法律上的处分,前者是将财产直接消耗掉(包括生产消费和生活消费),后者是依法对财产进行转让"。

4. 产权市场的研究

目前,学界对产权市场的研究主要体现在以下几方面:第一,关于产权交易本质问题的研究。产权交易是指企业的产权以商品的形式进入交易领域,实现财产权益的全部或部分转移的行为。④ 关于产权交易的本质目前主要有以下三种观点:一种观点认为,产权交易的本质是所有权和经营权的交易。从广义上来说,产权可分为所有权和经营权,因此产权交易自然也就是所有权和经营权的交易。所以,产权交易市场可分为所有权交易市场和经营权交易市场。⑤ 第二种观点认为,产权交易的本质是资产存量的重新优化组合以及这种重新组合所派生的更大权益。⑥ 跟一般的产品市场和要素市场不同,在产权市场里,买卖双方交易的是一种特殊的商品——企业产权。因此,买卖双方

---

① 王利明:《关于占有、占有权和所有权问题》,《法学评论》1986年第1期,第15-19页。
② 张明龙:《论产权与所有权的关系》,《浙江学刊》2001年第2期,第81-84页。
③ 谭玲:《所有权含义之我见》,《政治与法律》1986年第2期,第31-33页。
④ 刘钧:《关于产权理论研究状况综述》,《财经问题研究》1995年第10期,第26-28页。
⑤ 《国有企业现代产权制度研究》课题组:《国有企业现代产权制度研究》,《财经研究》1994年第11期,第3-10页。
⑥ 王殿凯、石莱忠:《产权理论探析》,《山东财政学院学报》1995年第1期,第25-28页。

可以通过产权的买卖，调整企业现有资产存量，优化资源配置，使有限的资源及现有的资产存量通过结构的重新优化组合，发挥出更大的功能。第三种观点认为，产权交易的实质是在一定条件下（价格是其中的重要条件）实现所有权的让渡。① 第二，关于产权交易市场的构架问题的研究。目前，关于产权交易市场的构架主要有三种思路：一是"发散式"产权市场交易体系。这种体系是以一个全国性的产权交易中心为枢纽，以各地的产权交易所为辅助，形成一种由全国向各地辐射的"发散式"交易体系。二是"网状"产权交易体系。这种体系以几个大的区域性产权交易机构为骨干，联通全国各地的产权交易所，形成一种"网状"交易体系。三是"金字塔式"产权交易体系。这种交易体系结合上述两种思路，以一个全国性的产权交易中心为塔尖，第二级是几个大的区域性产权交易机构，第三级是全国各地的产权交易所，形成"金字塔式"的"三级产权市场体系"。②

5. 对产权制度与市场经济关系的研究

对于产权与市场的关系，卢现祥教授认为，"市场经济是一种产权经济，市场经济的产生和发展与新的产权制度有着内在的联系，市场经济的建立实质上是一个产权制度的建立过程"。③ 刘伟认为，作为一种历史的生产方式，产权制度与市场机制是统一的整体，产权制度为市场机制的存在创造基础，市场运动不过是产权的实现形式。④ 程启智认为，建立现代产权制度是完善社会主义市场经济体制的核心。一个社会经济制度结构中最主要的、核心的制度便是产权制度，而社会主义市场经济体制也是如此，市场经济的一切制度安排都与产权制度紧密相连，一国的兴衰和经济增长状况与其产权制度高度相关。因此，现代产权制度是社会主义市场经济体制的核心和基础。当前，中国改革和发展面临的主要体制性障碍，其核心仍是产权制度。⑤

（三）总体评价

总体来看，国内外经济学界和法学界对产权问题的研究建树颇多。从研

---

① 许经勇：《建立适应社会主义市场经济体制要求的现代企业制度》，《财经问题研究》1994年第5期，第3-6页。
② 李志强、顾颖、赵春香：《产权交易条件分析：产权界定与产权交易市场构建》，《山西统计》1994年第8期，第25-27页。
③ 卢现祥：《论产权失灵》，《福建论坛》（经济社会版）2002年第10期，第39-42页。
④ 刘伟：《经济学导论》，中国发展出版社，2002，第23页。
⑤ 程启智：《建立现代产权制度是完善社会主义市场经济体制的关键》，《学习论坛》2004年第8期，第19-22页。

究成果来看，这些理论对产权的产生、定义、内容、权能、结构、产权制度与市场经济的关系以及产权市场等问题都进行了较为深刻、系统的研究，可以说已形成了一套成熟的理论体系。这些理论也为本书对出租车经营权市场的研究提供了巨大的帮助。但相对来说，产权理论关于宏观产权和无形产权的研究仍显缺乏，这一点在曾繁华教授提出的市场产权理论里得到了充分的印证。

二、市场产权理论的研究现状及评价

虽然产权问题是经济学的一个古老话题，国内外经济学界和法学界对产权问题的研究建树颇多，但总的来说，这些研究还存在如下不足：首先是学者们把产权制度的内容看得过于狭窄了，"把产权制度仅仅局限于企业制度上，似乎产权制度只是指企业产权制度"[①]；其次，学者们注重对有形产权，如对各种实物财产所有权的研究，轻视对各种无形财产所有权的研究；最后，学者们没有进一步拓宽产权理论与实践研究的范围，只注重对微观产权问题的研究（曾繁华，2002）。因此，2002年，曾繁华提出市场产权以来，学者们对市场产权理论及其应用进行了更深入的研究，其中涉及市场产权理论的核心内容、国家经济安全、政府间关系、国家主权等问题。2002年，曾繁华在《论市场所有权》一文中首次提出了市场所有权理论，并对其构成要素、基本特征、基本形式等做了详尽的分析；继而他又在《论市场所有权的起源与归属》一文中探讨了市场产权的起源与归属；2006年，曾繁华在《市场产权成本及其经济学意义》一文中论述了市场产权成本的构成及其经济学意义，他认为维护国家经济安全的软规制是"重视市场产权制度建设"。在这之后，诸多学者围绕市场产权理论对相关领域进行了探讨。吕红梅（2008）从市场产权的角度阐述了国家干预市场的理由、目的及干预的根据，即国家拥有市场所有权。鲁贵宝（2007）通过对市场产权理论的研究，分析了我国市场产权制度的现状及其对国家经济安全的影响，指出健全市场产权制度是维护国家经济安全战略的主要对策。龙苗（2008）建构了一个政府间市场产权的分析框架，对地方保护主义进行了研究。杨明东（2010）从市场产权的角度研究了国家经济主权权能的分离和让渡，并通过市场产权的界定规范和完善市场经营主体或FDI的权利与义务，维护国家经济主权和国家经济安全。曾繁华

[①] 魏杰：《仅有产权清晰是不行的》，《改革与理论》1998年第11期，第13页。

等（2014）[①]将市场产权理论运用到地方债务风险和银行风险分析上，认为当前由我国地方债务引发的银行风险从表面上看是由于中央和地方财权与事权不匹配等造成的，而从深层次看则是政府与市场之间、政府与政府之间，以及商业银行与政策性银行之间的产权关系混乱、产权边界界定不清晰导致的。侯晓东等（2016）[②]认为，作为市场所有权主体的政府与作为市场经营权主体的企业、作为市场交易权主体的消费者之间的力量对比和相互博弈，可以影响市场供需均衡，进而可以解释经济增长潜力。程金亮[③]（2017）将市场产权概念应用到文化市场领域，认为文化市场同样存在产权界定问题，文化市场产权所包含的所有权、经营权、占有权和收益权共同构成文化市场产权，合理的制度安排将推动我国文化产业的健康快速发展。市场产权的相关研究成果见表1-1。

表1-1[④] 与市场产权相关的文章数量统计　时间跨度：1999—2017年

序号	篇目	作者	刊名	发表时间
1	论市场所有权的起源与归属	曾繁华	财政研究	2002年
2	论市场所有权	曾繁华	中国工业经济	2002年
3	应重视对市场产权的研究	曾繁华	财政监督	2003年
4	市场产权与经济效率	杨宏翔	广西社会科学	2004年
5	市场产权成本及其经济学意义	曾繁华、李信	财政研究	2006年
6	论市场产权及其成本构成要素	曾繁华、袁光映	中南财经政法大学学报	2007年
7	国家经济安全的维度、实质及对策研究	曾繁华、曹诗雄	财贸经济	2007年
8	从市场产权视角看我国和谐社会构建	鲁贵宝	经济问题探索	2007年

---

① 曾繁华、王飞：《市场产权视野下地方债务风险和银行风险分析同步放大机理及化解研究》，《云南社会科学》2014年第4期，第85-88页。

② 侯晓东、曾繁华：《经济增长与供需均衡：基于市场产权理论分析》，《学习与实践》2016年第5期，第5-10页。

③ 程金亮：《我国文化市场的产权界定及政府规制分析》，《湖北第二师范学院学报》2017年第9期，第55-59页。

④ 部分转引自龚征旗：《国际贸易与投资规则研究：基于市场产权视角》，中国社会科学出版社，2017，第60-80页。

续表

序号	篇目	作者	刊名	发表时间
9	基于市场产权的政府宏观调控理论依据再探讨	鲁贵宝、曾繁华	江南大学学报（人文社会科学版）	2007年
10	基于市场产权角度的国家经济安全分析	鲁贵宝	江西财经大学学报	2007年
11	从市场产权角度看我国政府经济职能的调整	吕红梅	中国市场	2007年
12	市场与地方保护主义：一个基于市场产权的分析框架	龙苗、郑勐	商业研究	2008年
13	经济全球化背景下发展中国家市场的产权研究	杨明东、曾繁华	商业时代	2010年
14	市场产权视野下地方债务风险和银行分析同步放大机理及化解研究	曾繁华、王飞	云南社会科学	2014年
15	出租车经营权市场运行机制及多重博弈模型构建	程金亮	湖北工程学院学报	2014年
16	基于经济学视角出租车经营权政府管制效果分析	程金亮、曾繁华	科技创业月刊	2013年
17	出租车经营权市场产权界定及其成本分析	程金亮、曾繁华	商业时代	2012年
18	经济增长与供需均衡——基于市场产权理论分析	侯晓东、曾繁华	学习与实践	2016年
19	我国文化市场的产权界定及政府规制分析	程金亮	湖北第二师范学院学报	2017年
20	基于市场产权的国家竞争优势研究——一个新的经济全球化"游戏规则"及其博弈框架	鲁贵宝	中南财经政法大学博士学位论文	2008年

续　表

序号	篇目	作者	刊名	发表时间
21	基于市场产权的国家经济主权权能研究	杨明东	中南财经政法大学博士学位论文	2010年
22	基于市场产权的城市出租车经营权政府管制研究	程金亮	中南财经政法大学博士学位论文	2011年

此外，陈永忠[①]等运用市场产权理论研究了上市公司的壳资源价值。他们认为，上市公司的市场产权由进入资本市场的融资权和股票的交易权构成，这种市场产权是上市公司独有的无形资产。因此，在分析上市公司的壳资源价值的构成时，除了要包括股权资本的价值以外，还应包括市场产权价值。但目前，我国实际进行的壳资源交易，往往忽视了壳资源的市场产权价值，致使上市公司壳资源的交易价格被低估，从而造成了国有资本的无形流失。

通过对上述研究现状的分析，本书认为，前人关于市场产权理论的研究，提出了市场所有权及市场产权的范畴，并对市场产权理论进行了积极的探索；同时，这些研究从市场产权角度深刻剖析了国家经济安全、国家经济主权和政府管理职能等问题，具有重大的意义。武汉大学资深教授谭崇台指出，"市场产权问题的提出，是首次在国内产权研究方面的一个大胆尝试"，"填补了产权理论研究领域的一个空白"，"市场所有权作为经济学的一个基本范畴有着较为广阔的应用前景"[②]。但总的来说，这些理论仍存在可发展、深化的地方。这些理论注重从宏观层面去研究市场的产权问题，却忽视了对市场体系内部不同权利市场的产权关系的研究。实际上，在市场经济条件下，市场上的商品交换活动的实质就是经济主体之间经济权利的互相让渡。"一个充分的市场主体，本来是这几种权利的统一体。但现代市场运行中更多的情况则表现为几种权利的分离，尤其是所有权和使用权的分离"[③]。因此，根据不同类型权利的让渡关系，我们可以将市场分为所有权市场、经营权市场、使用权市场、占有权市场（控制权市场）、转让权市场（处分权市场）及收益权市场等几个层次。显然，学术界对不同权利市场的研究涉及较少，满足不了实践

---

① 陈永忠：《市场产权与股权分置改革》，《西南金融》2006年第2期，第47-48页。
② 谭崇台：《评曾繁华博士的〈中国企业技术成长机制及竞争力研究〉》，《经济研究》2002年第5期，第88-89页。
③ 肖灼基：《市场经济实务》，中共中央党校出版社，1993，第89页。

发展的需要。本书正是沿袭曾繁华教授的理论基础，试图通过对经营权市场产权问题进行详尽分析以达到深刻剖析出租车经营权市场产权制度安排问题，进而为提高政府对出租车经营权市场运营的管制绩效提供对策和建议。

三、出租车市场问题的国内外研究现状及评价

（一）关于出租车市场问题的国外研究现状

中国出租车行业的问题也是世界性的问题。关于出租车经营权问题的研究，早在1996年之前国外专家、学者就给予了高度的重视。具体来说，国外专家、学者对出租车问题的研究主要涉及以下几方面。

1. 对出租车市场供求均衡的研究

关于出租车市场供求均衡的研究主要以数量模型的"规范性"分析为主要特点，研究的主要目的就是试图理解在现存管制下的出租车市场的供求均衡，并为这样的管制政策提供决策信息。Daniel Flores-Guri 在其博士论文"Studies on taxicab markets"中指出：出租汽车需求不仅与价格有关，而且与乘客的等待时间有关。管制的有效性是要保证新增的空载费用等于乘客的受益，即减少的等待时间价值。G. W. Douglas 构建了一种数量分析模型，试图理解在现存管制下的出租车市场的供求均衡。其理论不断被后人修正，如 Cairns 和 Liston-Heyes 证明了相对于不管制而言，实行数量和价格管制可以实现社会总福利的改善。Hai Yang 和 S. C. Wong 则论证了出租车市场在竞争或垄断状态下，都可能通过合理限制运价而实现社会次优。Bruce Schaller 通过建立影响出租车需求的概念模型来构造出租车数量的回归模型。

2. 对出租车管制政策的研究

第一，关于出租车行业管制是否应该存在的争论。关于出租车行业政府管制是否应该存在的探讨主要有两种观点。一种观点支持管制，以解决市场失灵问题。如，Shreiber 认为，只有通过价格管制才能解决信息不对称和需求缺乏弹性的问题。他还认为，出租车市场的自由进入和退出可能会导致出租车供给出现较大幅度的波动（尤其是在高失业时期），进而造成供求失衡，此类周期性波动会损害那些长期提供出租车服务的司机的利益，因此，进入管制有利于稳定出租车司机的收入水平，进而保证服务质量和安全水平。Teal 和 Berglund 考察了美国103个城市解除管制后的出租车市场，指出解除管制并未收到预期的效果，因此应该保留价格管制或者进入限制。另一种观点反对管制，以避免管制垄断。Coffman 认为，巡游类市场和站点候车类市

场不存在规模经济，市场竞争应该能够形成有效价格，而管制可能导致市场失灵。Schaller 和 Gilbert 在全面考察了纽约市出租车市场以后指出，造成纽约市出租车市场混乱（如司机工资低廉、工作条件恶劣、服务质量下降等）的根源是 20 世纪 80 年代开始实施的牌照制度，尤其是牌照租赁制度。他们建议，禁止牌照租赁，解除对出租车的数量控制，建立严格的司机执照制度及培训标准，根据市场的发展不断采取新的规制措施。Beesley 认为，管制机构所获得的行业信息很可能是不充分的，而且常常包含虚假信息，会直接扭曲公共定价机制。

第二，关于放松管制，强化服务质量的探讨。20 世纪 90 年代中期至今，相关文献着重从理论上探讨实现有效管制的途径。Cairns 和 Liston-Heyes 建立了巡游类市场消费者与司机相互搜寻的模型，据此重点考察了是否需要实施价格管制这个问题。Toner 和 Mackie 通过测算出租车市场的社会福利得出：政府应该对这一市场进行管制，管制的重点应该是出租车价格与服务质量的平衡问题。英国公平交易局对欧美主要国家的出租车市场管制制度也进行了比较研究。报告显示，2000 年前后，英国、爱尔兰、荷兰、瑞典、挪威、美国、加拿大、新西兰等国家相继对出租车市场管制改革进行了深化，主要涉及以下三个方面：首先，解除进入限制，尤其是出租车数量限制；其次，强化对出租车经营者、司机的职业资格审查；最后，放松价格管制。

3. 对出租车牌照价值的研究

最早强调牌照重要性的学者是 Orr，他分析了牌照数量增加对纽约市出租车个体经营者的影响。其结论是：牌照数量的增加会降低经营者的利润。Beesley 和 Glaister 通过建模认为，降低价格或者增加牌照数量并不一定会降低利润，牌照作为政策工具，其价值变化对行业的影响并不明显。而 Gaunt 则重点研究了牌照价值。他指出，牌照价值是未来所有预期利润的现值，当价格下降或者牌照数量增加时，预期利润就会下降，这也意味着牌照价值的下降。另一些学者则研究了价格变动与牌照数量变动之间的关系。Fischer 等通过实验考察了出租车牌照市场。实验结果表明，如果资产增长的幅度很小（如 5%），那么虽然一些可观测因素会对牌照未来的出售价格产生一定的影响，但不会对牌照价值产生实质性影响。

（二）关于出租车市场问题的国内研究现状

对出租车市场问题的研究，国内学者主要从如下几个方面进行。

第一，对出租车行业存在的主要问题、原因及后果等方面进行了较深入的分析。比如，陈时国认为，目前，我国出租车行业存在企业"多、小、散、弱"、疏于管理、司机收入低、风险高、社会负担重、行业不稳定因素多等问题，导致这些问题的主要原因在于政府治理能力的缺失。[①] 陈晓峰认为，解决目前我国出租车行业存在的问题，可以实行集约化经营，组建股份制公司。[②] 程赐胜、刘中、马振东认为，现行出租车管理模式存在经济利益的非均衡性、产权关系的模糊性和政府管制的不经济性等问题。改革的要点在于明确政府职责，转变政府管理方式，改革价格管制方式和营运证管理制度，完善出租车经营管理模式，还要加强行业协会建设和相关管理条例的制定。[③] 季奇武认为，目前，我国出租车市场产权归属不清导致诸多问题，因此出租车市场改革的核心在于产权明晰。[④] 石琼、王利彬提出，当前出租车经营权的垄断使企业与司机之间的矛盾因牌照问题愈演愈烈，高额的管理费使公司司机被称为现代"骆驼祥子"，而问题的根源在于出租车经营权政府管制引起的"垄断"和"寻租"问题。[⑤]

第二，对出租车经营权转让方式、性质及经营模式利弊等进行了剖析。首先，从转让方式来看，有"资质审批""公开拍卖"及"服务质量招标"三种。张军扩等认为，要从行业长期发展和社会长远利益的角度考虑出租车经营权的性质及其转让方式，出租车经营权的转让要按照服务质量招标和定价转让相结合的方式进行。在经营模式上，规范的公司化经营应成为出租车行业今后鼓励和引导的发展方向，出租车经营者和司机的关系应该允许劳动关系和承包关系并行。[⑥] 杨仁法、杨铭提出，出租车市场应建立一个以服务质量招投标为主要手段的出租车市场准入与退出机制，并建立与之相关的配套政策法规和服务质量评价体系。[⑦] 江永贝提出，在有偿使用解决出租车经营权资源配置效率的基础上，可以通过"限价入围抽签法"克服有偿转让方式存在

---

① 陈时国：《我国出租车行业存在的问题及其解决对策》，《湖南城市学院学报》2005年第2期，第61-63页。
② 陈晓峰：《出租汽车行业发展问题思考》，《交通企业管理》2000年第5期，第8-9页。
③ 程赐胜、刘中、马振东：《城市出租车管理模式的改革建议》，《综合运输》2005年第3期，第35-37页。
④ 季奇武：《出租汽车经营管理体制的温州模式》，《综合运输》2004年第11期，第21-23页。
⑤ 石琼、王利彬：《对我国出租车经营权政府管制的思考》，《交通建设与管理》2009年第Z1期，第8-10页。
⑥ 张军扩、高世楫、冯杰：《进一步促进出租汽车行业健康发展的思路和建议》，《中国发展观察》2008年第5期，第49-52页。
⑦ 杨仁法、杨铭：《基于服务质量招投标的出租车市场准入与退出机制》，《交通运输工程学报》2006年第2期，第118-124页。

的不足。[①] 沈兴国认为，出租车经营权高价炒卖与当前出租车报废更新实行"进一退一"的政策，资格审查以车为主的制度缺陷和当前出租车管理法规滞后不无关系。因此，规范经营权流转首先要完善出租车报废更新审查制度，同时严格质量信誉考核制度。[②] 其次，从经营模式来看，出现了"北京模式""上海模式""温州模式"等多元化特征。杨帆总结了我国出租车行业现有的三种经营模式，即北京模式、上海模式、温州模式，提出了我国出租车行业发展改革与政府监管改革的方向[③]。常新荣还提出"产权式出租车"新模式[④]。陈定毅、叶峰提出，在温州出租车独特的个体经营体制下，"托管制"是一种新型模式[⑤]。关于经营模式的改革方向，存在"公司化经营"与"个体化经营"的不同主张。程赐胜、刘中、马振东提出，大城市可以继续按照现代企业制度推行公司化经营模式，而中小城市由于车的容量有限，可以推行个体化经营模式，但同时要加强行业协会建设和相关管理条例的制定。[⑥] 汪亚军则从出租车市场上政府、出租车公司、出租车司机及消费者四方之间的利益博弈关系角度提出，政府可以通过一系列措施，如降低特许经营权费、限制性招投标、优先补贴等，鼓励出租车公司按照"上海模式"的方式运营。[⑦]

第三，对出租车行业政府管制进行了研究。我国出租车行业矛盾突出，罢运事件时有发生，对出租车行业管制的相关研究也随之增多。但总的来说，主要有两种观点：第一种观点认为，政府管制导致市场失灵，是出租车市场上各种矛盾的根源，他们主张放松或取消政府管制。如，荣朝和（1999）运用产权理论分析了北京市出租汽车行业的经营权运营管理制度。他认为，相对有效的产权关系应该是通过竞争性价格取得并允许合法转让的出租车经营权制度。王军认为，出租车行业"行业盘剥"和利益冲突的根源在于政府管制，政府管制形成个体经营的准入限制。因此，取消管制可以解决这一问题，

---

① 江永贝：《出租车经营权"限价入围抽签法"：一种体现效率、公平与合理的出让方式》，《运输经理世界》2007年第5期，第48-51页。
② 沈兴国：《出租车经营权高价流转应对五题》，《中国交通报》2009年8月28日，第4版。
③ 杨帆：《我国出租车行业当前的经营监管模式及其未来发展思路的思考》，《城市》2007年第11期，第46-50页。
④ 常新荣：《探索出租车行业发展的新模式》，《交通财会》2002年第12期，第26-27页。
⑤ 陈定毅、叶峰：《托管制：温州出租车业管理新模式》，《运输经理世界》2007年第11期，第110-111页。
⑥ 程赐胜、刘中、马振东：《城市出租车管理模式的改革建议》，《综合运输》2005年第3期，第35-37页。
⑦ 汪亚军：《出租车市场相关主体利益及其最优运营模式》，《探索》2009年第1期，第137-142页。

并且取消管制还将节约大量管制成本,也将从根本上杜绝管制官员的腐败现象。[1] 林鸿潮认为,政府对于出租车行业的监管政策,即准入限制、总量控制和租价管制均存在一定程度的弊端,政府的选择可以是出租车营运市场向所有人放开,尊重其作为一般许可的根本属性,而对于出租车市场营运数量的控制可以通过考试评判标准的适当浮动与调整来实现。[2] 孙立平认为,出租车行业是政府干预下的半市场化的"怪胎"。他从社会学角度对出租车行业的矛盾进行分析,并提出了官商结合的解释设想。[3] 刘彦和来建强在对行业演变的过程和政策的颁布进行分析后提出,出租车行业的发展矛盾是利益集团操纵出租车管制政策引起的。[4] 此外,郭玉闪[5]、余晖[6]等也认为,政府在出租车行业的管制是一种典型的政府失灵,不仅会造成社会不公平,还会产生大量的社会成本。因此,出租车行业的监管应该是在尊重个体化经营的基础上,加强对服务质量的监管。第二种观点认为,出租车市场也会存在市场失灵,政府对出租车市场的管制有其必要性,他们主张政府管制出租车市场,并提出相关的管制政策和建议。杨帆认为,出租车介于个人物品和准公共物品之间,这一行业也会存在市场失灵。因此,政府对这一行业进行监管存在必要性。政府的监管关键是要看政府在哪些方面、在何种程度上、以什么样的方式监管,政府应追求建立出租车行业的合理治理结构,注重行业的服务质量。[7] 郭文玲在对出租汽车行业进行研究的基础上得出结论,认为北京市出租汽车行业的政府规制改革有效地促进了行业的发展,对北京市城市交通服务的全面改进产生了深远的影响。[8] 唐睿从福利经济学的角度提出,政府对出租

---

[1] 王军:《政府管制的经济和法律问题:北京市出租汽车业个案分析》,载张曙光主编《中国制度变迁的案例研究》,中国财政经济出版社,2004,第388-420页。

[2] 林鸿潮:《对出租车业政府管制政策的若干思考》,《今日中国论坛》2007年第9期,第76-78页。

[3] 孙立平:《出租车业:一个半市场化改革的怪胎》,2006年5月2日,http://www.eeo.com.cn/observer/eeo_special/2006/05/02/45062.shtml,访问日期:2017年12月22日。

[4] 刘彦、来建强:《谁操控了京城出租车》,《新闻周刊》2004年第37期,第20-25页。

[5] 郭玉闪:《管制成本与社会公正:透过北京市出租车业看政府管制的失败》,载张曙光主编《中国制度变迁的案例研究:第四集》,中国财政经济出版社,2005,第459-506页。

[6] 余晖:《政府管制失败的经典案例 评〈管制成本与社会公正:透过北京市出租车业看政府管制的失败〉》,载张曙光主编《中国制度变迁的案例研究:第四集》,中国财政经济出版社,2005,第506-516页。

[7] 杨帆:《我国出租车行业当前的经营监管模式及其未来发展思路的思考》,《城市》2007年第11期,第46-50页。

[8] 郭文玲:《出租汽车行业的政府规制 1978—1999:北京市出租汽车行业案例研究》,《生产力研究》2000年第Z1期,第96-97+105页。

车行业的监管应是只提供必要的法规和秩序维护，应放弃对出租车行业经营权的控制。[1] 韩彪对出租车营运牌照的投放形式、拍卖方式及牌照投放点的确定等进行了分析。[2] 陈明艺从出租车行业进入限制、价格管制、质量控制与牌照管理等问题出发，梳理和总结了国外出租车行业规制的研究成果，并在此研究的基础上，提出构建科学的评估机制而非完全解除数量管制是解决我国出租车市场供需矛盾的关键。[3]

第四，对出租车市场主体利益关系的研究。比如，宗刚从消费者、出租车行业整体、"黑车"三类利益主体间的利益分配格局和出租车行业整体内部三类利益主体间的利益分配格局两个层次，构建了出租车市场的供求模型。[4] 汪亚军通过对出租车市场上政府、出租车公司、出租车司机及消费者四方之间的利益博弈关系进行分析，从利益主体关系角度探讨了出租车市场的最优营运模式。[5] 刘金石等通过运用讨价还价博弈模型，论证实现双方的利益均衡，关键是增强司机方的谈判势力，即建立起能够提供"选择性激励"且名副其实的司机方利益"代言人"——工会组织。[6]

此外，20世纪90年代末以来，一些学位论文也开始关注出租车行业的问题，他们的研究主要表现在以下几方面：一是关于出租车行业的管制及管制政策问题。比如，王俊的硕士学位论文《城市出租车市场规制研究》（东南大学，2005）、王骏涛的硕士学位论文《出租车管制的经济学分析》（浙江大学，2004）和王小斌的硕士学位论文《我国出租车行业政府管制研究》（厦门大学，2006）等对我国出租车市场的准入管制、价格管制等管制政策进行了研究。二是关于出租车特许经营权问题的研究。如，钟展的硕士学位论文《出租车行业特许经营权问题研究》（中南大学，2009）、刘益的硕士学位论文《出租车特许经营权法律属性研究》（西南政法大学，2009）和赵娟的《出租车经营权的法学思考》（广西大学，2008）等从法学角度对出租车行业特许经营权制度进行了研究，认为出租车行业因其实行特许经营的法律基础不充分、

---

[1] 唐睿：《北京市出租车政府管制分析》，《国家行政学院学报》2005年第2期，第64-66页。
[2] 韩彪：《出租车市场供给控制》，《数量经济技术经济研究》2001年第2期，第121-124页。
[3] 陈明艺：《国外出租车市场规制研究综述及其启示》，《外国经济与管理》2006年第8期，第41-48页。
[4] 宗刚：《出租车市场的利益分配格局及对策》，《综合运输》2009年第4期，第28-30+48页。
[5] 汪亚军：《出租车市场相关主体利益及其最优运营模式》，《探索》2009年第1期，第137-142页。
[6] 刘金石、王贵、周文：《构建出租车公司与司机方合作博弈基础上的利益协调机制：基于增强工会组织谈判势力的分析》，《财贸经济》2010年第5期，第130-134页。

设定条件不足和没有达到有效性等，不应成为特许经营的对象。袁凡的硕士学位论文《从制度变迁角度探讨出租车经营权转让制度改革的模式》（华中科技大学，2008）则运用制度变迁的相关理论将出租车经营权作为一种商品，从供给和需求两方面进行研究，并提出了经营权制度改革的路径模式。三是关于城市出租车拥有量的确定。比如，张爽的硕士学位论文《城市出租车拥有量的确定方法研究》（西南交通大学，2009）、夏楷的硕士学位论文《城市客运出租车发展研究》（华中科技大学，2007）通过建立出租车保有量预测模型，对城市出租车拥有量进行研究。四是关于地方城市出租车发展的研究。例如，叶小侠的硕士学位论文《湖北省出租汽车经营权有偿使用问题研究》（武汉理工大学，2009）、董彦毅的硕士学位论文《西安市出租汽车经营权配置研究》（西北大学，2008）和孙光的硕士学位论文《基于自由选择权的出租车市场经营模式研究——以北京市出租车行业为例》（北京交通大学，2007）等。

2014年以来，互联网技术渗入出租车行业，网约车大量兴起，有关网约车和出租车的研究迅速增多，学者们对网约车对传统出租车市场形成的冲击、网约车对现有的监管政策提出的挑战及网约车与传统出租车之间的利益分配博弈等问题进行了大量的研究。沈琼等以滴滴打车软件为例，认为打车软件的出现打破了出租车行业的垄断，并通过SPSS分析软件建立回归模型对城市的人口、GDP、人均收入、城市面积、人均道路面积和人均绿地面积6种因素进行了分析，认为有些因素进一步强化了打车软件对出租车行业垄断的冲击，而另一些因素则弱化了这种冲击。[①] 米梓嘉认为，传统出租车政府管制制度由于受既得利益格局影响，处于一种制度非均衡状态，互联网约租车的出现将使传统出租车管理制度得以改变，使制度的非均衡现象得到缓解，但网约车与传统出租车之间的利益博弈仍将继续。[②] 张羽琦认为，网约车以其共享经济模式优势、技术手段支撑和信息化优势，在传统出租车市场上获得了发展空间，给传统出租车行业带来了严重的冲击，并激化了各类矛盾，但也给传统出租车行业指明了改革的方向。[③]

[①] 沈琼、芳丹：《网约车对传统出租车行业冲击的实证分析：以滴滴打车为例》，《河南工业大学学报》（社会科学版），2017年第2期，第26-30页。

[②] 米梓嘉：《互联网约租车对出租车管制制度影响的制度分析：一个新制度经济学的视角》，《中共福建省委党校学报》2016年第11期，第85-92页。

[③] 张羽琦：《"互联网＋"背景下传统出租车改革与网约车发展》，《当代经济管理》2018年第4期，第46-51页。

(三) 总体评价

关于出租车市场问题的国内外文献显示，国外学者对出租车行业的研究主要涉及出租车行业的公共政策，如出租车行业的政府管制措施、出租车经营模式等问题；而国内学者则对出租车行业存在的问题、原因及后果，出租车经营权是特别许可还是普通许可，出租车经营权的转让方式，出租车的经营模式，出租车行业市场的监管原因、监管方式及存在的问题，以及政府监管方向和政策法规规制等问题进行了全方位的研究。可以说，国内外学者对出租车行业的问题进行了积极有益的探索，并为本书的研究打下了坚固的理论基础。但现有研究鲜有从产权制度角度，去探讨、反思出租车经营权市场运营过程中存在的问题，即使有涉及也仅仅是作为问题轻描淡写地提一下。其实，出租车行业之所以接二连三地发生罢运、停驶事件，其根本原因是出租车市场尤其是经营权市场产权边界模糊[①]，经营权市场主体无法准确定位其在出租车经营权运营和转让过程中的地位及其明确的权利义务边界，市场主体权责利关系模糊，进而导致的市场利益关系扭曲化。因而，要从根本上解决出租车行业的问题，必须明确界定经营权市场产权边界，理顺经营权市场产权关系，明晰经营权市场各主体的权责利关系，从而提高出租车经营权的行业监管绩效。

第四节　研究思路、研究方法和创新之处

一、研究思路

2014年以来，网约车迅速挤占传统出租车的市场份额，占领各大中小城市的出行市场。究其原因，这不仅与网约车自身所具有的先天优势（如便利、节省时间和成本、方便监管等）有关，还与我国传统出租车行业本身屡遭诟病、积重难返有关。我国传统出租车行业的矛盾从表面上看，主要是由于出租车公司垄断经营、租金（"份儿钱"）太高、"黑车"过多、利益分配不均衡等问题；而从深层次看，则暴露了我国传统出租车行业经营权监管模式和运行机制的弊端。究竟该如何对出租车行业进行监管以及监管的范围是什么，

---

① 曾繁华、程金亮、陈曦：《城市出租车经营权市场产权分析》，《中南财经政法大学学报》2011年第5期，第20—25页。

所有这些问题都涉及出租车经营权市场的产权制度安排问题。出租车经营权市场产权制度安排混乱，产权关系模糊，市场产权边界不清，市场主体权责利关系混乱，导致市场利益分配机制扭曲。因此，要从根本上解决出租车行业的问题，我们必须理顺出租车经营权市场的产权关系，明确界定经营权市场产权边界，明晰经营权市场各主体的权责利关系，优化现有出租车经营权模式，只有这样才能有效提高出租车经营权的监管绩效。本书正是基于这样的思考，试图从市场产权理论视角来探讨出租车经营权市场的产权制度安排问题，进而探讨提高出租车行业监管绩效的优化路径。出租车经营权市场经营模式作为出租车经营权管理体制的一个重要方面，在很大程度上影响着出租车行业的管制绩效。因此，本书将重点分析出租车经营权市场的经营模式问题，并在借鉴国内外有益经验的基础上来探讨出租车经营模式的优化路径，为提高出租车行业的监管绩效提供对策和建议。

二、研究方法

（一）规范分析与实证分析相结合

本书以出租车行业的经营管理现状、存在的主要问题及其产生的根源为突破口对出租车经营权市场进行研究，提出出租车经营权市场运营问题的根源在于经营权市场产权关系没有理顺，进而从市场产权角度提出解决出租车经营权市场运营问题、提高政府管制绩效的解决机制。同时，本书通过对广州、深圳、温州、上海、北京、成都、武汉等若干典型城市进行实地调查的方式获取了大量数据资料，并对资料进行分类整理，实现规范分析与实证分析相结合。

（二）案例分析与比较研究相结合

本书将以典型城市出租车行业的代表性经营管理模式为样本，深入剖析其特点及存在的主要问题，通过对出租车经营模式的分析来剖析政府对出租车经营权市场的管制，从而提出中国大中城市出租车行业经营管理体制机制未来改革与发展的方向。本书的比较研究主要体现在：其一是国内比较，即国内不同典型城市出租车经营权市场经营模式的利弊比较；其二是国际比较，即国内外不同典型城市出租车行业经营管理模式的利弊比较。通过比较，笔者总结出有利于出租车行业发展的经营管理模式、体制与机制的经验，并吸取对其不利的教训。

（三）历史分析与逻辑分析相结合

本书写作的逻辑思路是：出租车经营权市场是一个典型的经营权市场，因此在研究出租车经营权市场运营存在的问题及原因之前，有必要对市场进行分层，深刻剖析所有权市场、占有权市场、使用权市场、收益权市场、处分权市场和经营权市场，从而建立对出租车经营权市场进行分析的理论基础，然后依据经营权市场理论的相关内容分析出租车经营权市场运营中的问题及原因。其根本原因在于经营权市场产权关系模糊，使得政府管制绩效偏低。本书试图从市场产权理论视角来探讨出租车经营权市场产权制度的安排问题，进而探讨提高出租车行业监管绩效的优化路径。同时，本书第二章对城市出租车行业发展及行业监管历史沿革的分析采用了历史分析法。

此外，本书在对政府、出租车公司、司机和消费者四方利益主体关系进行分析时还运用了博弈论的相关知识。

三、创新之处

本书在学术上的创新之处和突出特点体现在以下几个方面：

一是从产权角度对市场体系进行分层。目前，学术界关于市场体系的分层思想相当多，学者们从不同的角度进行了各种不同的分层。但本书认为，在市场经济条件下，市场上商品交换活动的实质就是经济主体之间经济权利的互相让渡，而经济主体之间相互让渡的经济权利至少包含所有权、经营权、使用权、占有权、处分权和收益权等几种形式。因此，本书根据不同类型权利的让渡关系，从产权视角将市场分为所有权市场、经营权市场、使用权市场、占有权市场、收益权市场和处分权市场，并对各种权利市场进行了研究。

二是深化与拓展了市场产权理论研究。经营权市场是产权市场的一个层次，研究经营权市场产权界定以及经营权市场产权关系是对市场产权制度研究的延伸和细化。因此，研究出租车行业经营权市场产权配置及其利益规制问题，无疑进一步深化与拓展了市场产权理论研究。

三是构建了出租车经营权市场产权理论体系。出租车经营权市场运营矛盾不断，问题严重，其根本原因在于出租车经营权市场产权关系模糊，从而导致各市场主体之间权责利关系不清。本书以市场产权理论为基础，通过分析出租车经营权市场产权的内涵、出租车经营权市场产的权关系、出租车经营权市场产权的界定成本及市场产权主体的归属等问题，构建了出租车经营权市场产权理论体系。

四是博弈论相关知识的运用。本书在对出租车经营权市场配置和运营存在的问题的原因进行分析时，运用了博弈论的相关知识，指出出租车行业的利益诉求具有非重复博弈性。这种非重复博弈的行业利益诉求机制是行业利益分配扭曲化的一个重要原因，其引发了一系列行业矛盾，致使市场监管绩效低下。

五是本书认为，在出租车经营权市场中，不同的经营模式所涉及的市场产权关系也是不相同的，而出租车经营权市场产权关系往往反映为各种不同的出租车经营模式。出租车经营权市场经营模式实质上是对政府、出租车公司和出租车司机之间的责、权、利关系的描述。因此，对于反映出租车经营权市场产权关系的出租车经营模式，本书给予了高度重视，并以大量篇幅进行论证，通过对国内外城市典型的出租车经营权市场经营模式进行比较分析，提出了针对不同经营模式的优化路径，并为提高政府对出租车行业的管制绩效提供了对策和建议。

六是在研究方法上，本书采用了规范分析和实证分析相结合、案例分析和比较研究相结合、历史分析和逻辑分析相结合的方法，并采用了博弈论、比较分析法等多种方法对出租车经营权市场监管模式进行了综合研究。

第二章　城市出租车行业的发展及行业监管的历史沿革

第一节　城市出租车行业的历史演变

人类交通方式的发展变化，大体经历了三个时代，即步行时代，马车、人力车时代和汽车时代。我国城市出租车行业在历史的变迁中也经历了几个时代。

一、城市出租车行业的产业

我国出租车行业的产生最早可以追溯到19世纪40年代。那时，上海盛行的交通工具是独轮车和营业轿子（即公用轿子）。营业轿子是一种两人抬的轻便租赁轿子，较为简陋。

独轮车又称小车、手推车、江北车、牛头车、羊角车、二把手等，多为木结构，可坐人也可载货，推行时有"轧轧"之声。独轮小车在经营方式上大多为一人一车。最初乘坐小车的大多是佣工，往返于城南城北。后来，士商妇女也习以为常，在开埠时也爱在夏天的傍晚乘牛头小车往来于宽阔的黄浦滩头。据1874年的统计，上海英法租界共有独轮车3 000辆，可以称得上是近代上海最早的一支"出租车队"。[1]

后来，随着上海租界外国侨民的增多，西式马车应运而生。西式马车式样较多，有双轮、四轮者，有一马、双马的。

人力车又称东洋车、黄包车。清同治十二年（1873年）春季，法国人米拉从日本来到上海，向法租界公董局提交了一份"在两租界设立手拉手小车

---

[1] 邢建榕：《领跑时尚：近代上海交通工具之变迁》，载金岳春编《上海陈年往事：〈新民晚报·上海珍档〉选粹》，上海辞书出版社，2007，第16页。

客运服务机构",并专利营业10年的申请报告。1874年,米拉优先获得法租界执照12张,允许经营人力车300辆,开设了第一家人力车公司。①租界内开设的人力车公司初期车主都是外国人,车辆由中国包头承租转放。两三年后,有些外国车主将车子卖给中国人经营,由此出现了中国车主。光绪二年(1876年)工部局与公董局协议将人力车经营车辆数增至1 500辆。光绪八年(1882年),英美租界工部局为便于管理,打算将人力车牌照进行招标,让一家或几家人力车公司垄断经营,引起了中外车主的奋起抗争。因此,工部局宣布取消捐照限额,但加强了发照前的车辆检查。此后的30余年,人力车行业自由发展,车辆增长较快。1882年至1915年,营业人力车由1 500辆增加到8 920辆,平均每年递增18%。1937年6月起,每月捐照减为9 500辆,直至公共租界归还。②当时,营业人力车每日租金为400文至600文,成本极低,颇受欢迎。

二、城市出租车行业的初始时期

1885年,德国人卡尔·本茨(Carl Benz)研制出世界上第一辆汽车,从此人类就进入了汽车时代。我国第一辆小汽车是1902年袁世凯为慈禧太后购买的。随后,我国开始进口汽车。而我国出租车真正开始发展大约是在1903年,那时在北京设有外国人开设的汽车行,随后在广州、上海、哈尔滨等城市也相继出现了出租汽车行业。约在1913年,法国人在北京开设了"飞燕"汽车行。两三年后,北京王府井大街开设了天津、复兴等汽车行。到1919年,北京城内营业汽车行发展到15家,营运汽车约30辆。上海于1901年就有了汽车,1904年出租汽车发展到了19辆,1913年增至342辆。③1908年,美商环球供应公司百货商场在上海开设汽车出租部,使用可乘坐4人的凯迪拉克牌轿车,可用电话叫车和订车,以后逐渐发展到千余辆。据资料记载,当时出租汽车的乘坐对象主要是巨商、官僚、外国人等社会高层人士,上海较为有名的出租车行有祥生、银色、云飞、南方、享茂等。

到20世纪20—30年代,我国城市出租汽车行业经历了一个短暂的大发展时期。据资料记载,20世纪20年代初,北京自用及营业汽车有1 231辆,营业汽车行达51家,大的车行有七八辆车,小的车行有一两辆车。到1923

---

① 邹时民:《黄包车溯源》,联谊报网(文史国家),2019年11月30日,http://old.lybs.cn/wsgx/content_87951,访问日期:2022年12月20日。
② 上海公用事业志编纂委员会:《上海公用事业志》,上海科学院出版社,2000,第280页。
③ 何军:《出租车流动的历史》,《出租车之家》2004年第5期,第40-41页。

年，北京汽车行达81户，每户均装有叫车电话。^① 这时，车行的服务对象已经扩大到政府中的高级官员、著名演员、著名医生、著名教授等高收入阶层。而上海市在1933—1934年，有出租汽车行91家，营业站153处，营运汽车达1151辆。20世纪20年代末，哈尔滨由于外国侨民剧增，出租汽车数量也迅速增多，达500辆。^②

三、城市出租车行业的萎缩时期

我国出租车行业在经历了短暂的发展之后，由于国内战争和抗日战争的爆发，受战争的纷扰，各个城市出租车行业的发展受到了严重的冲击，出租车数量迅速减少，城市出租车行业经历了一个萎缩时期。据资料统计，抗日战争期间，截至1942年，北京的出租车行减少到48家，营运汽车约446辆，以后逐渐萎缩。至1946年，出租汽车仅剩303辆。在此期间，上海出租车行仅存30家。到1948年，出租车行仅有51家，汽车数量减少到705辆。

中华人民共和国成立初期，出租车主要由两部分组成。一种为私有制的出租汽车，这部分由于服务对象发生变化，客流量下降，加上车辆难以更新，营业车数日渐减少。到1956年，北京市出租车行仅剩30家。另一部分为公有制的事业单位，主要是为了满足接待外宾来访和重要会议需要，由各省市人民政府组建成立的汽车公司和汽车队。20世纪50年代末至60年代初，国家旅游主管部门为适应旅游事业的发展需要，先后在各地组建了旅游汽车队，出租车行业得以发展。"文化大革命"时期，乘出租汽车被称为"四旧"，受到批判，车辆大量停驶。出租汽车行业处于奄奄一息状态。当时，北京市仅有出租车200多辆，其他城市的出租车更是为数不多。

四、城市出租车行业的蓬勃发展时期

党的十一届三中全会之后，国家制定的改革开放政策，促进了城市经济的日益繁荣，同时大大促进了城市出租车行业的蓬勃发展。1979—1981年，广州与港商合作经营的白云、五羊等出租汽车公司相继开业，引进小汽车350辆。自20世纪70年代末到80年代初，建设部每年进口数千辆小汽车以满足所属出租汽车企业的需要。国家旅游局也相继组织进口了部分高档大客车和

---

① 赵新强：《中国最早的出租车》，《南方工报数字报》(史海版) 2015年11月5日，第11版。http://wappassport.grzx.com.cn/images/2015-11/05/11/nfgb2015110511.pdf，访问日期：2018年3月10日。
② 何军：《出租车流动的历史》，《出租车之家》2004年第5期，第40-41页。

小轿车，并在旅游开放城市组建了旅游汽车公司或旅游车队。1984年，北京市出租汽车公司与中国国际信托投资公司合资组建了国内第一家合作出租汽车企业——中北汽车公司，投入营运车500多辆。此后，中国国际信托投资公司又购入1 000多辆小汽车，先后在南京、成都、无锡等城市合作经营了十多家中北汽车公司。同年下半年，北京首都汽车公司与香港光大集团合作成立了有500辆小汽车的首都光大汽车公司。1985年以后，全国出现了大办出租汽车业的高潮，涌现出了包含国营、集体、个人等多种经营成分的出租汽车行。当时，出租汽车行通过贷款、租赁、合资等多种渠道，从国外进口汽车2万多辆。但是，在1992年之前，出租车行业还处于缓慢的自然发展阶段，出租车的人均拥有量仍然比较低，在公共交通中占的比重也比较小。随着我国改革开放的不断深入，出租车行业进入高速发展阶段。以南京和北京为例，1991年底，南京市有出租车1 334辆，到1994年12月，出租车数量猛增到5 459辆，比1991年翻了两番多；同一时期，北京市的出租车从16 000辆增到56 124万辆。1993年至2009年，我国出租车数量从19万辆猛增到93.7万辆，年均增长率达到了16.6%，共有出租车从业人员约200万人，出租车年客运量占城市公共交通客运量的比例高达29%。截至2009年6月，全国出租车拥有量为112.8万辆，年旅客运输量80多亿人次。[1] 我国城市出租车行业的迅猛发展，也从一个侧面反映了我国城市居民生活质量的不断提高及城市现代化水平的逐步提高。

五、城市出租车行业的革命性变革时期

进入21世纪以来，互联网技术迅速渗透到社会生活的各个领域。出租车行业由于行业本身的诟病，市民打车难、司机收入降低、出租车公司被视为"暴利寄生虫"等问题相继暴露，出租车行业长期积累的矛盾日益凸显，不断引发罢运、停驶事件。在互联网技术的冲击下，一场基于互联网技术的出租车行业变革悄悄开始。2010年，优步以互联网技术为基础，率先推出手机App打车软件，乘客无须去路上招手拦车，在手机上利用App即可完成叫车。司机也无须四处巡游招揽旅客，只需装上App并登录进去，即可坐等接单。此后，神州专车、滴滴、易到用车、曹操和嘀嗒出行等互联网约车平台在中国各大中小城市纷纷涌现，抢占出租车出行市场。作为一种新型业态，相对于传统出租车而言，网约车叫车方便、服务态度好、收费低廉、信息公

---

[1] 凌显峰：《城市出租车经营模式分析及其适应性评价》，硕士学位论文，吉林大学，2010。

开透明，满足了乘客的多样化需求，并且对政府而言监管成本较低，更能适应市场的需求，所以迅速占领了出行市场，对传统出租车行业形成了不小的冲击。截至2016年12月，我国网约车用户为3.92亿人，其中网络预约出租车用户的规模为2.25亿人，网络预约专车用户的规模为1.68亿人，相比于2015年同期，分别增长了163.5%和675.9%[①]，其出行渗透率达40.1%。虽然近年国家出台的相关政策、规范管理并制约了网约车的快速发展，但我国传统出租车行业本身积重难返，在互联网和市场的共同推动下，网约车作为出租车行业的一种新业态，对传统出租车市场起到了有效的补充作用，并凭借其低廉的价格和优质的服务，在互联网企业的资本推动下，将以传统出租车难以招架之势迅速在市场上占有一席之地。

第二节 城市出租车行业的发展概况

一、出租车行业的属性

（一）出租车的概念

出租车是指经主管部门批准的按照乘客和用户意愿提供客运服务，并且按行驶里程和时间收费的客车。出租汽车是城市公共交通的补充。出租车的起源可以追溯到16世纪至17世纪的欧洲，当时，供王公贵族等有钱人租用的马车即早期的出租车，而真正现代意义上的出租车直到20世纪初才出现。1907年10月1日，纽约街头首次出现装有计程表的出租车。自此，现代意义上的出租汽车行业开始发展起来。随着中国改革开放进程的加快推进及市场经济体制的建立，城市经济日益繁荣，人民的生活水平逐渐提高，出租车行业在中国也开始发展起来。除北京、上海等大城市外，全国很多中小城市在1980年以后也出现了出租车。到20世纪80年代后期，中国出租车行业出现了快速发展的态势。

（二）出租车行业的属性

出租车作为城市公共交通的补充，是弥补大容量公共交通不足，满足城

---

① 中商产业研究院：《2018年中国网约车行业市场前景研究报告》，中商情报网，2018年1月4日，http://m.askci.com/news/chanye/20180104/175640115369.shtml，访问日期：2018年3月10日。

市居民特殊出行需求的重要交通方式。其独特的定位，使得出租车既具有城市公共交通的共性又具有出租车行业的个性。具体来说，出租车行业具有以下几个属性。

1. 公共产品属性

出租车作为城市公共交通的补充，其服务于特殊人群的一般出行和一般人群的特殊出行需求，与城市居民的日常生活息息相关。同时，出租车运营所涉及的道路桥梁以及行业管理的供给等都属于城市有限的公共资源，具有公共产品性质，并且出租车运营存在高能耗、废气污染严重等缺点，具有很强的外部效应。因此，出租车行业的发展与人民的切身利益密切相连，关系到千千万万市民的出行。它提供的这些服务都直接关系到公共利益，因此具有公共产品的属性。

2. 经营属性

出租车是城市公共交通的补充，但相比于城市公共交通而言，出租车运营的经营属性十分明显。首先，出租车的经营性服务特性决定了出租车经营者必须按规定缴纳各种税费。城市公共交通的服务具有公益性，其主要为城市居民上下班和生活提供服务，不以营利为目的，因而可以享受免交各种税费的待遇，并享受政府给予的政策性亏损补贴和补偿。而出租车客运则不同，出租车以营利为目的，是一种经营性服务，因此经营者必须按照有关规定缴纳各种税费。其次，出租车营运路线和营运范围的非固定性。由于城市公共交通主要为城市居民上下班和生活提供服务，因此，一般而言，城市公共交通的行驶路线是固定的，其运行范围基本在城市区域内。而出租车客运则不同，出租车的营运路线具有非固定性，其可以根据乘客的需要跨行政区域、跨城市与农村进行运输。

3. 地域差别属性

一般而言，出租车主要是在一定地域范围内进行营运，不涉及全国统一的大市场。因此，不同地区可以根据自身发展情况的不同，因地制宜地制定不同的出租车营运政策和法规，具有明显的地域差别性。

4. 非重复博弈属性

出租车行业的运营方式具有特殊性——移动运营（即巡游），因此同一个乘客很难再坐上同一辆出租车，尤其是对坐出租车少的乘客而言，这个可能性几乎可以忽略不计。这种运营方式使得司机与乘客之间处于一种非重复博弈状态，缺乏后续的惩罚机制，司机相对于乘客来说处于信息优势，极易诱发司机发生道德风险，做出有益于自己利益的行为。此外，由于目前我国的出租车管理体制尚不健全，司机与公司之间缺乏常态性的互博机制，司机与公司之间也存在着非重复博弈。

二、出租车行业的主要营运方式

目前，出租车行业的营运方式主要有四种：

第一，巡游类，也叫扬召类，主要是指出租车通过在街上巡逻搜寻乘客，将乘客送到目的地之后，其将继续在路上搜寻下一个乘客的方式。如此循环，出租车一直在满载和空载两种状态之间转换。这种方式灵活性较大，比较适合人口多、需求大的大城市。巡游方式是世界上出租车行业的主要营运方式，也是我国出租车行业最主要的营运方式。

第二，固定候车类，是在专门的营运站点，乘客候车，出租车出车。这种营运方式有专门的调度员，乘客按顺序候车，依次派车。哈尔滨火车站就采用此类营运方式。[①]

第三，电话叫车类，也叫电召类，乘客需要出租车时打电话给提供预约服务的出租车公司，公司通过车辆调度系统根据乘客的位置最快地就近为其安排出租车辆。这种方式可以节约时间，效率较高，因此比较适合业务密度小、车辆不多的中小城市。这种方式的缺点就是建立出租车电话调度中心的前期投入较大，目前我国只有极少数城市采取此类营运方式。

第四，预约租车类，乘客通过公司指定的联系方式，比如电话、Email等，预约租车的时间、地点与车型，调度人员根据情况进行调度。[②]

第五，网络约租车类，这种方式通过手机App实现司机与乘客的直接对接服务，乘客只需登录App即可实现叫车，无须在路上招手；司机只需装上App并登录进去，即可等待接单，无须在路上巡游招揽乘客。同时，通过该网络，司机可准确地知道乘客的所在地及所去的目的地，乘客也可通过网络掌握司机的即时位置，省去等车时间。这是近年兴起的一种新型出租车运营方式。这种方式方便快捷，可以节省打车时间，并能缓解交通拥堵，也便于政府监管。这种营运方式以其低廉的价格和优质的服务，得到了市场的青睐，在互联网企业资本的推动下迅速占领出租车出行市场。

三、出租车行业的运营特点

出租车作为满足用户意愿的营运车辆，主要有两大类：一类为一般计程

[①] 陈明艺：《出租车数量管制的合理性分析及评估机制研究》，《中国物价》2006年第8期，第45-49页。

[②] 孙光：《基于自由选择权的出租车市场经营模式研究》，硕士学位论文，北京交通大学，2007。

出租车，另一类为车辆租赁服务。在本书中除特别注明外，主要以一般计程出租车为研究对象。具体来说，出租车运营有以下特点。

第一，独立分散性。目前，由于受各种条件的限制，我国出租车的营运方式主要为巡游营运。在这种方式的运营过程中，出租车的驾驶、核收票款和相关服务均由司机一人承担，所有出租车在统一管理的前提下，由司机个人独立提供服务。同时，旅客在出行时间、方位、距离等方面的多样性，使得出租车经营在时间和空间上具有分散性。

第二，及时便捷性。城市大容量公共交通工具由于受运输方式特性的限制，需要市民在需求时间和空间上做出一定的调整以适应其运输特性。而出租车则不同，由于其不受时间、线路限制，也不需受站点限制中途停车，在时间和空间上更符合市民的需求，因此更能为市民提供快速、便捷的服务，满足市民及时出行的需求。

第三，经济舒适性。相对于私家车来说，出租车的使用率与利用率更高，也更加低碳环保；相对于公交系统来说，出租车可以为用户提供更多的乘车空间，也更加舒适，并且还可以节省乘车时间。

四、出租车行业的管理体制

2014年之前，我国的出租车管理模式是"职能部门型"管理，主要由国务院和地方两级政府部门负责对出租车行业的管理工作。据《城市出租汽车管理办法》（已废止）第七条规定："国务院建设行政主管部门负责全国的城市出租汽车管理工作。县级以上地方人民政府城市建设行政主管部门负责本行政区域内出租汽车的管理工作。出租汽车的具体管理工作可以委托客运管理机构负责。"因此，在全国，负责出租车行业管理工作的是国务院建设行政主管部门，即建设部[①]；在地方，出租车行业的管理现状较为混乱，既有交通部门管理的，又有城建部门管理的，还有二者共同管理的。具体来说，按管理机构，大致可以分为两类：一类是以交通部门为主管部门，如北京、上海、成都、无锡、常州等城市；另一类是以城建部门为主管部门，如西安、苏州等城市。据调查统计，2005年，在全国98万多辆出租车中，由地方交通主管部门负责管理的占全国出租车总数的80.9%，由建设部门主管的占18.9%，由其他部门，如公安、交警、税务、技术监督局等部门主管的占0.9%；在全

---

① 2008年的部委调整后，包括出租车行业管理在内的原建设部的指导城市客运的职责交给了新成立的交通运输部。

"互联网+"思维下城市出租车经营权行业监管模式研究
——以市场产权理论为基础

国 344 个地级市中,有 288 个地级市的出租车由交通部门管理,有 56 个地级市的出租车由建设部门管理,分别占 83.7% 和 16.3%。[①] 总体来说,我国大部分城市的出租车行业管理比较混乱,管理机构林立,政出多门,政令不一,致使出租车经营者无所适从。这样的管理体制给出租车经营者和管理者带来了诸多不便,阻碍了出租车行业的健康发展。

2014 年,网络约租车的出现不仅打破了传统出租车市场上的行业垄断,也对出租车管理体制改革提出了要求。2014 年 9 月,交通运输部颁布了《出租汽车经营服务管理规定》,2016 年 8 月交通运输部又对《出租汽车经营服务管理规定》做了修正,其中第六条指出:"交通运输部负责指导全国巡游出租汽车管理工作。各省、自治区人民政府交通运输主管部门在本级人民政府领导下,负责指导本行政区域内巡游出租汽车管理工作。直辖市、设区的市级或者县级交通运输主管部门或者人民政府指定的其他出租汽车行政主管部门在本级人民政府领导下,负责具体实施巡游出租汽车管理。"自此,巡游出租汽车的管理统归交通运输部门,在全国由交通运输部统一负责指导,在地方由交通运输主管部门统一负责。

此外,2014 年之前,我国的出租车行业管理一直缺乏统一的上位法,各地、各部门对出租车的管理自成一套,没有专门的、统一的法规进行约束,这使得出租车行业管理无法可依、无章可循,从而造成行业管理局面的混乱,严重影响了出租车行业的健康发展。当然,也有一些对出租车行业管理比较好的城市,如北京、上海,这两个城市成立了由多部门参与的、专门的出租汽车管理机构,并制定了统一的法规,管理井然有序。为应对网约车的快速发展,2014 年 9 月,交通运输部颁布了《出租汽车经营服务管理规定》;2016 年又对此管理规定进行了修改,颁布并实施了《巡游出租汽车经营服务管理规定》;2016 年,交通运输部对《巡游出租汽车经营服务管理规定》又进行了第二次修改。自此,我国出租汽车管理制度基本完善,出租汽车管理体制进入了一个新阶段。该规定指出"出租汽车是城市综合交通运输体系的组成部门,是城市公共交通的补充","优先发展城市公共交通,适度发展出租汽车"。同时,为了更好地规范网约车的发展,2016 年 7 月,交通运输部等七部委联合发布了《网络预约出租汽车经营服务管理暂行办法》,第一次承认了网

---

① 新华网:《出租车行业寻求从三国演义到三位一体》,新浪财经网,2005 年 10 月 8 日,http://finance.sina.cn/sa/2005-10-08/detail-ikkntiak9588080.d.html?cref=cj,访问日期:2018 年 3 月 10 日。

约车的合法地位,并使其运营和管理有规可循。随后,全国各大中小城市纷纷出台了相关管理细则,进一步规范了对网约车的管理。

第三节 城市出租车行业监管的历史沿革

我国大中城市的出租车行业发端于 20 世纪 30 年代,中华人民共和国成立前曾短暂繁荣,1956 年至 1975 年期间几度停业。20 世纪 70 年代末期,该行业重新步入发展轨道。到了 21 世纪,出租车已经发展到在公共交通领域占有举足轻重的地位。

一、城市出租车行业监管的历史演变

政府对出租车行业的管制主要是对出租车经营权的管制。因此,城市出租车行业的管制历史实际上是政府对出租车经营权的管制历史。改革开放后,我国出租车行业政府管制的历程大体上可以划分为以下几个阶段:

(一)国有企业垄断经营时期(1978—1985 年)

这一时期,我国经济尚未发展起来,仍处于计划经济体制阶段,出租车的数量非常少,因而出租车服务被看作是一种奢侈品,是身份的象征。这时的出租车主要是为政府高级官员、国外来宾及高收入阶层服务的。这一时期,出租车行业正处于起步阶段,出租车行业的实力也较薄弱。此时的出租车经营基本上是以国有企业经营为主。当时,北京的出租车公司只有 2~3 家,上海也只有 2 家。

这一阶段,政府对出租车行业实行严格的进入限制,只允许国有单位、集体单位投资经营出租车公司,严格限制私人投资创办出租车公司,因而此时的出租车行业为一种垄断经营行业。

(二)行业短缺时期(1985—1992 年)

进入 20 世纪 80 年代,随着我国改革开放的深入发展,我国城市出租车的数量有所增加,但由于当时居民的收入水平仍较低,有实力经营较大出租车公司的人仍较少,整个行业仍处于短缺时期。当时的出租车主要集中在北京、广州、上海三个城市,其他城市的出租车拥有量相对较少。随着我国改革开放的不断推进,城市经济不断发展,城市旅游业也日益发展起来,城市公共交通服务的短缺与人民群众日益增长的交通需求之间的矛盾愈来愈尖锐。

为了解决这一矛盾，满足人民群众日益增长的交通需求，也为了配合城市旅游业的发展，许多城市相继出台了一系列鼓励出租车行业发展的优惠政策。

这一时期，政府对出租车行业实行的是较为宽松的管制政策，出租车主管部门通过在出租车上安装计程器来监控里程数，对出租车的里程进行管理。

（三）监管宽松时期（1992—1996年）

这一时期公共交通资源严重短缺，为了弥补公共交通资源的短缺，政府对出租车行业实施了相对宽松的数量管制，并出台了一系列优惠政策鼓励出租车行业的迅速发展。例如，出租车经营权由政府无偿提供，政府通过放松信贷的方式支持个人贷款经营出租车，政府放松对车型的限制，等等。为解决资金不足的问题，政府还引导民间资本进入出租车行业，一些城市对兴办出租车公司的申请者的身份也不再进行限制。这些优惠政策的实施使得出租车的数量急剧增加。

这一阶段政府管制的主要特点是：政府进行了较为宽松的出租车数量管制，并为出租车公司提供了一定的优惠政策，使得出租车数量大幅增加。

（四）全面管制时期（1996年至今）

1996年之前，由于我国对城市出租车行业采取较为宽松的管制政策，出租车数量急剧增加，出租车行业也得到了迅猛的发展。出租车行业的迅速发展使得行业竞争加剧，矛盾增多。于是，1996年之后，我国政府开始对出租车行业进行全面管制，出租车行业进入全面管制时期。

1998年，建设部和公安部联合发布的《城市出租汽车管理办法》确认了中国出租车行业政府规制的原则和方式，即确立了城市出租车行业实施租价规制和总量控制的格局。在此基础上，我国开始大规模提倡"大公司化"的经营模式。公司化经营模式的实施使得大多数出租车的所有权由出租车司机转向出租车公司，出租车司机丧失了出租车的所有权。2004年，建设部发布规定，出租车行业可以依法实施特许经营。2006年，北京市政府下发的管理文件《关于加强出租汽车行业管理的意见》（以下简称《意见》），进一步强调要健全出租车行业管制政策，并规定：从《意见》发布起，本市出租车要实行特许经营，特许经营期限为8年；健全出租车总量调控、租价调整机制和市场准入退出机制；坚持公司制为主、个体为辅的行业发展方向，继续推进出租车企业的兼并重组，实现出租车企业的规模化经营。除此之外，实行类似于北京出租车经营模式的各大城市还通过对出租车实行特许经营，控制出租车车牌的使用权、营运权对出租车的总量进行调控。自此，我国出租车行业进入了全面管制时期，推行严格的准入限制和数量控制，推行公司化经营模式。

这一时期政府管制的主要特点是：推行严格的数量控制与准入限制，坚持出租车公司化经营模式。

二、城市出租车行业的监管现状

（一）城市出租车行业的数量管制

数量管制是政府及管制部门对某些行业部门的商品或劳务通过实行数量控制的方式，达到合理利用资源、防止出现过度竞争现象的目的。这类管制主要针对一些进入门槛比较低的竞争性行业。出租车数量管制是指管制机构根据消费者的需求及城市公共交通的发展状况，对经营出租车业务的机动车数量及授予司机的特许经营执照数量加以控制[①]。国内城市对出租车的数量管制主要体现在对营运出租车数量的管制上，而对出租车经营者和出租车司机执业资格的审查则较为宽松，进入出租车司机行业的技术门槛较低且城市待业人员较多，造成了出租车运营许可证需求量大，出现出租车经营牌照溢价等问题。

我国的出租车数量管制始于1996年前后，为避免出租车过度发展给城市公共交通设施带来的沉重负担和行业内的恶性竞争，保证服务质量和安全水平，各地开始整顿出租车行业，实行高调管制。1998年，建设部和公安部颁布的《城市出租汽车管理办法》，确认了对我国出租车行业实施管制的原则，提高了行业的进入壁垒。2002年，建设部等5部委下发了规定，出租车有效里程利用率低于70%，即空驶率（空载时间占全部行驶时间的比例）高于30%的城市和地区，不应投放新的运力。据此，我国各城市开始实行数量管制政策。南京市根据江苏省政府的要求，编制了包括出租车在内的城市公共客运交通专项规划，严格控制出租车的数量；拉萨市规定，出租车的数量要维持在现行水平，不再增加或减少出租车总量；1996年以来，上海对市内出租车实行总量控制，10年内未新增出租车牌照；成都市从2002年至2006年未投放新的运力，但21世纪初成都市出租车供需矛盾尖锐，出租车数量已不能满足市民的出行需求，于是成都市交委出租车管理处于2007年投放了500辆新出租车。从表2-1我们也可以清楚地看到，近几年我国政府对出租车数

---

① 陈明艺：《出租车数量管制的合理性分析及评估机制研究》，《中国物价》2006年第8期，第45-49页。

量的严格控制。

表 2-1　1997—2020 年全国部分重点城市出租车数量　　　　单位：辆

年份	北京	天津	上海	南京	杭州	广州	南昌
1997	65 035	33 006	40 997	8 370	4 965	15 571	3 085
1998	66 478	34 150	41 183	8 378	5 000	15 142	2 745
1999	66 817	31 942	42 056	8 593	5 557	15 443	2 896
2000	65 127	31 939	42 943	8 597	6 300	16 196	2 896
2001	65 155	31 939	46 921	8 956	7 232	16 598	3 425
2002	62 848	31 939	47 509	8 877	7 340	16 690	3 265
2003	65 984	31 939	48 672	9 216	7 404	16 923	3 450
2004	55 463	31 939	48 709	9 098	8 189	16 818	3 539
2005	66 000	31 939	47 794	9 055	8 320	16 889	3 569
2006	66 646	31 940	48 022	9 262	8 398	17 058	3 569
2007	66 646	35 000	48 614	—	11 590	16 000	3 629
2010	67 000	35 452	50 025	9 000	11 590	16 025	3 809
2012	66 646	—	—	10 732	8 923	20 300	—
2015	66 836	—	50 600	12 432	10 003	21 800	5 453
2016	66 648	31 940	48 900	14 628	9 910	21 800	5 453
2017	68 484	—	46 400	14 057	—	—	—
2018	70 035	—	41 300	13 354	—	—	—
2020	71 517	31 940	40 000	12 083	13 761	20 222	5 453

资料来源：综合整理中国经济信息网统计数据库、国家统计局国家数据、《1997—2021 年上海市国民经济和社会发展统计公报》《2017—2018 年南京市国民经济和社会发展统计公报》《中国城市统计年鉴 2020》数据及其他公开资料而得。

表 2-1 所列的 6 个代表性城市近年来出租车数量增长得非常少，有的城市甚至出现了负增长。这一方面与近年新冠疫情的冲击和网约车的大量发展不无关系，另一方面也反映出政府对城市出租车行业实施的严格的数量管制政策。

（二）城市出租车行业的准入管制

市场准入是"政府为了克服市场失灵，实现某种公共政策，依据一定的规则,允许市场主体及交易对象进入某个市场领域的直接控制或干预"。① 出租车行业准入管制也叫准入歧视,是指政府在发放出租车经营牌照时对不同的申请人实行不同的准入政策,主要表现为,在允许企业进入的同时严格限制个人获得营运牌照,② 因此也被称为"企业化"营运模式。如,巡游出租车要取得巡游出租汽车车辆经营权,有取得符合要求的从业资格证件的驾驶人员,有健全的经营管理制度、安全生产制度和服务质量保障制度,有固定的经营场所和停车场地。从事出租车运营的申请人(包括企业和个体工商户)应当向客运管理机构提交书面申请,经营方案及可行性报告,资信证明,经营管理制度,有关经营场地、场所的文件和资料,以及符合其他有关规定的文件。其中,资信证明,经营管理制度,有关经营场地、场所的文件和资料等条件变相地剥夺了个体工商户从事出租车经营的资格,致使在实际操作中大部分经营主体是公司,个体经营者仅占很小的部分。虽然有的城市也允许个人参加竞标、拍卖,但在实际操作中却搞"身份"歧视。例如:2003年7月,张家港交通局的招标书写到所有申请竞标者"每个标的不少于50辆""参拍对象一次注入资金1 200万元";武汉出租车的拍卖方式是"捆绑拍卖",即一次性拍卖5个牌照或更多。虽然表面上这些政策允许个体工商户参与竞争,但实际上却对个体工商户设置了较高的准入门槛,致使个体工商户因条件不具备而无法参与竞争,从而形成垄断局面。实质上,这种准入管制是一种"行政性垄断",即通过政府的行政干预,排除潜在的进入者,从而形成垄断。

实际上,出租车准入管制隐藏着众多弊端:首先,使得市场竞争不充分,资源配置效率低。出租车行业经营权准入的垄断,抑制了自由竞争。获得了出租车经营权即可进入出租车行业,经营主体由此可以获得可观的垄断利润。因此,出租车行业最大的矛盾就是经营资格的争夺,也就是获得垄断经营的资格。其次,降低了行业的生产效率。出租车行业的准入制度在取得经营权时设置了企业形式和企业规模等条件,限制了个人对出租车经营权的取得。最后,滋生腐败,导致寻租行为。在出租车行业的准入政策下,出租车经营公司取得了垄断地位,作为利益既得者,为了保有垄断利益和谋求更大的利益,出租车公司通过寻租的方式积极谋求相关权力部门制定利己政策,更易滋生腐败行为。

---

① 戴霞:《市场准入法律制度研究》,博士学位论文,西南政法大学,2006,第17页。
② 林鸿潮:《对出租车业政府管制政策的若干思考》,《今日中国论坛》2007年第9期,第76-78页。

（三）城市出租车行业的价格管制

出租车行业是由政府"定价"的特殊行业之一，其价格是由各城市管制机构依据获取的有关出租车行业经营成本方面的信息，结合本地区的经济发展水平、物价水平、交通状况、市民生活习惯等具体情况统一制定并执行的，会定期举行听证会进行调整。

我国出租车行业价格管制包括以下几部分：起步价，以及相应的起步千米数；超越起步千米数的单位里程价；超过远程千米数标准之外的每千米行程价格，以及与此相对应的远程千米数标准，这个价格一般比每千米的正常行程单价高50%，高出部分即另行收取的所谓"空驶费"。除此之外，还规定了等候费、减速行驶费、过桥过路费及夜间行车费用标准等。

我国政府实行出租车价格管制主要基于以下几点：第一，防止司机欺诈乘客。司机与乘客之间存在信息不对称现象，司机拥有的信息远远大于乘客，如果由双方议价，司机可能会欺诈乘客。第二，减少司机、乘客双方讨价还价的交易成本。第三，避免司机哄抬价格或进行低价无序竞争。为此，政府统一为每辆出租车安装税控计价器，并统一定价。

第三章 城市出租车经营权行业监管的理论基础

——市场产权理论

第一节 经营权市场理论

一、市场界定及市场分层新构想

(一) 市场的起源、内涵及其本质界定

1. 市场的起源

市场是一切商品交换活动的总和，属于商品经济范畴，随着商品经济和社会分工的发展而发展。因此，哪里有社会分工和商品生产，哪里就有市场。"市场"最初的含义是商品交换的机构和场所。在《说文解字》中，市为"买卖所之也"，即买者和卖者于一定的时间聚集在一起进行交换的场所。最初的交换活动出现在距今一万年以前的原始社会，那时的交换活动都是自发行为，交换的时间和地点也是不确定的，市场的观念和意识还没有在人们的头脑中确立，那时的市场还处于方生未生的阶段。随着原始经济的解体和社会分工的发展，交换就成了经常行为，而且也有了固定的时间和地点，这时市场才逐渐形成。但由于这时的生产力水平较低，人类的交换仅限于物物交换，市场仅仅是比较集中的交易场所，正如《周易·系辞下》的描述："日中为市，致天下之民，聚大卜之货，交易而退，各得其所。"[①]

随着社会分工和生产的社会化、专业化发展，市场的含义也随之不断发

[①] 尹进：《中国古代商品经济与经营管理》，武汉大学出版社，1991，第51页。

生变化。正如马克思所说："由于社会分工，这些商品的市场日益扩大；生产劳动的分工，使它们各自的产品互相变成商品，互相成为等价物，使它们互相成为市场。"[①] 市场不再只是被当作简单的交易场所，市场的含义是抽象与具体的统一。市场首先是商品交换的场所，这是市场的具体含义。除此之外，市场还是各种商品交换关系的总和。但市场不是简单的物与物之间的关系，而是在物的掩盖下的人与人之间的关系，市场反映的是由卖者和买者之间的相互交换而引起的人与人之间的一种社会关系。正如马克思所说，市场是"商品所有者的全部相互关系的总和"。[②]

2. 市场的内涵及其本质界定

从起源来看，市场是一个历史逻辑概念，是人类社会分工和商品交换的产物，并随着人类社会分工和商品交换的发展而不断发展。关于市场的内涵及其本质界定，国内外专家从不同角度进行了不同层次的探究。归纳起来，主要有以下几种说法。

第一，市场是交换"场所"。市场是商品交换的渠道和场所，后来人们又进一步将市场的含义引申为商品交换的空间或领域。如，罗宾逊夫人认为，"市场就是买主和卖主的聚会，不论是在农村集市还是在一个集中的商品交易所，而世界范围的交易就在那一间城市办公室内进行着"。[③] 英国经济学家阿尔弗雷德·马歇尔也认为，市场是一个区域，在这里买者和卖者彼此的交往非常紧密，市场的价格在全区域内趋于一致。诺贝尔经济学奖获得者美国经济学家乔治·斯蒂格勒也认为市场具有这层含义，他说："市场是一个区域，在其中，一种商品的价格是趋于一致的。"[④]

第二，市场是"交易过程"和"交易活动"。萨缪尔森在《经济学》中指出，市场是一个过程，"是一种物品的买主与卖主互相作用，以决定其价格和数量的过程"。[⑤] 欧阳明认为，"市场是指供应与需求双方在自愿的基础上进行交易的过程"。[⑥] 盛洪则认为市场是一种交易活动，"市场具体是由相当数量的

[①] 马克思、恩格斯：《马克思恩格斯全集》第25卷，中共中央马克思恩格斯列宁斯大林著作编译局编译，人民出版社，1974，第718页。
[②] 马克思：《资本论》第1卷，中共中央马克思恩格斯列宁斯大林著作编译局编译，人民出版社，1975，第188页。
[③] 琼·罗宾逊、约翰·伊特尔：《现代经济学导论》，陈彪如译，商务印书馆，1997，第189页。
[④] 乔治·斯蒂格勒：《价格理论》，施仁译，北京经济学院出版社，1990，第83页。
[⑤] 保罗·A.萨缪尔森等：《经济学》，中国发展出版社，1992，第71页。
[⑥] 曾繁华、鲁贵宝：《基于市场产权的国家竞争优势研究：一个新的经济全球化"游戏规则"及其博弈框架》，经济科学出版社，2008，第12页。

市场交易活动，即平等的人之间的交换活动构成的；（因而）市场范围可以被看作是相互关联的一系列交易所覆盖的范围"。①

第三，市场是"机制"。亚当·斯密在其经济学著作《国富论》中提出了著名的"看不见的手"的原理。他指出，自由放任的市场是一种自然秩序，是一种机制，会自动利用最有效的技术和最少量的投入获得最优的产量，而无须计划和政府的干预、控制管理，市场会自动解决一切问题。在这种机制中，追求自己利益的个人，总是会被"一只看不见的手"牵引着去达到一个他全然无意追求的目的，其结果往往比他真正想做时更能促进社会利益。经济学家古诺也认为，市场是"买者和卖者相互之间频繁的交换，以致同一种商品的价格轻易而迅速地趋向相同的区域"。②新古典综合派的萨缪尔森提到，"市场是一种通过把买者和卖者汇集在一起交换物品的机制"，是"一种物品的买者和卖者的相互作用，以决定价格和产量的机制"。③

第四，市场是"关系总和"。其中，最具代表性的即马克思的观点。马克思对市场理论的研究与西方经济学不同，他不仅揭示了市场范畴所体现的物与物之间的关系，而且还揭示了在物的掩盖下的人与人之间的关系。市场关系的本质正是在这种物的掩盖下的人与人之间的社会关系。因此，马克思认为，市场是"商品所有者的全部相互关系的总和"④。由此可见，在现实生活中，任何物与物之间的关系其本质都可归结为人与人之间的社会关系，商品、货币、人力、资源等在市场上发生的关系，是人与人之间的社会关系的不同形式和内容，是其在不同领域、不同层面的外在表现。马克思对市场的理解，已透过现象层面，从深层次揭示了市场的内涵。

第五，市场是"制度"。自从新制度经济学将制度研究方法引入经济学研究，新制度经济学派就从制度角度对经济生活的各个方面进行了研究。新制度经济学认为，市场也是一种制度规则，是在人们之间自由交易、自愿约定的契约的基础上形成的，是一种具有社会性质的复杂交换过程。因此，在此意义上，市场也就意味着制约交换的一种规则、一种制度。如，科斯将市场

---

① 盛洪：《分工与交易》，上海人民出版社，1994，第51页。
② G. M. 霍奇逊：《现代制度主义经济学宣言》，向以斌等译，北京大学出版社，1993，第206-207页。
③ 保罗·A. 萨缪尔森等：《经济学》（第十四版）上，胡代光等译，北京经济学院出版社，1996，第65页。
④ 马克思：《资本论》第1卷，中共中央马克思恩格斯列宁斯大林著作编译局编译，人民出版社，1975，第188页。

看作与企业、法律不同的另一种制度。他认为,市场是与适当的制度相对应的,这些不同于任何可能存在的公共规定的私人法律,构成了交换过程中交易赖以进行的制度设置。[1] 诺斯也强调,市场是现代西方经济最基本的制度,并且构成了以往经济活动的中枢神经。郑秉文认为,市场不是一种机制或工具,而是具有人类社会行为性质的活动组织的交换过程,即社会成员之间的自愿交易、自由协议的一种契约过程。在全部的复杂交换过程中,发挥作用的各种因素共同组成一种规则——交换制度。对于市场本质的分析就是要遵循经济人—经济交换—交换过程—制度安排这样一种逻辑分析过程。宋刚认为,"市场在本质上可以被理解为是多种制度安排的综合,这些制度安排构成了一个局部的制度环境"。[2] 由此可见,在这种观点中,市场被看作规范交易主体交易行为、减少交易成本的一种契约、规则和制度。

第六,市场是"市场力场论"。这种观点的代表者是中南财经政法大学的赵凌云教授,他认为,"市场力"是指内生于市场并作用于资源配置过程的力量,即来源于市场结构、市场性质、市场形态,体现市场功能及市场规律要求,主要由市场机制来实现的多种力的总和。它由市场吸引力、市场激励力、市场均衡力、市场整合力、市场摩擦力等"力系"组成。在现代市场经济中,"市场是一个弥漫式的、无处不在的客观存在,同时具有结构上的整体性。因此,市场的存在是场态的,它既包括各类有形或无形的市场,同时表现为一种扩散和弥漫在整个社会经济调节与资源配置领域的经济关系与作用机制"。[3]

实际上,在经济学文献当中,我们还可以找到更多关于市场的说法。例如:市场是生产手段私有条件下的社会分工系统,是分工条件下的生产协调方式(C. Pitelis,1991);市场是控制领域的子系统……市场由特殊的信息过程、信息处理和决策准备过程组成,它是组成系统的决策过程的一部分(科尔内,1988);市场是"经济实现自我调节的手段"(霍尔瓦特,1993)。可以说,市场是极其复杂而丰富且又不断发展的一个历史逻辑概念,随着人类社会实践的不断发展深化,市场的基本内涵也在发生变化。从以上各种观点对市场的分析来看,市场的本质规定性至少应该包括以下几方面:(1)市场是商品交换与资源配置的场所;(2)市场是商品供求关系的总和,体现着商品

---

[1] 罗纳德·哈里·科斯:《企业、市场与法律》,盛洪、陈郁译,上海人民出版社,2009,第8页。
[2] 宋刚:《交换经济论》,中国审计出版社,2001,第174页。
[3] 赵凌云:《市场力论:一个新的理论框架及其在中国经济体制分析中的应用》,湖南出版社,1996,第13-32页。

生产者和经营者的经济关系;(3)市场是一种资源配置方式和经济调节机制或体系;(4)市场是维护交换活动的一整套相应规则及其制度安排(包括正式制度与非正式制度);(5)市场上商品的交换活动实质上体现的是经济主体之间经济权利的相互让渡。

(二)传统的市场体系分层

分层原是一个地质、地理学概念,指地质构造的不同层面。后来,社会学家引入这一概念,用来分析和研究人与人之间、群体与群体之间的不平等现象。社会学家认为,从某个角度来看,社会也有一个分层,其纵向结构如同地层一样也是一层一层的。因此,在社会学中,社会分层是指根据不同的标准,把人们分成高低不同、上下有序的等级序列或层级的过程。笔者在搜索中外经济文献时发现,罕有文献提及"市场分层"这一概念,更没有专门的经济理论对此进行阐述。但是,关于市场分层的思想和内涵却散见于中外经济文献中。例如,法国历史年鉴学派的代表人物布罗代尔在其名著《资本主义论丛》中就将市场分为下层组织和上层组织。市场下层组织是指纯粹的、面对面的即时买卖交易,一手交钱,一手交货,这种交易随处可见,属于市场经济的基本内容。但布罗代尔发现,商品经济市场交易还有上层组织[1]。市场上层组织是一种复杂的交易形式。市场上层组织的主要特点是交易双方互相并不见面,中间为一个专业的、独立的部门,这个部门是由商人分化出来的。布罗代尔认为,市场上层构造的特点主要有:(1)追逐垄断性;(2)不进行明确的分工。市场上层组织的功能可以归纳为三个方面,即生产性、风险转移和前瞻性[2]。奥尔森也有类似的分类,他将市场交易分为"自我实施型"的或在现场进行的交易和"非自我实施型的互利性交易"(或者叫社会规划型市场)。"自我实施型的交易"是依靠交易者的自我实施完成的,这类交易在发展中国家较为常见,如印度加尔各答街头的商品买卖;而"非自我实施型的互利性交易"则更多出现在发达国家,这里的交易不是现场进行的,而是依靠契约的实施来完成的,因而奥尔森又将这类市场称为产权密集型或契约密集型市场。典型的市场如资本市场、货币市场、保险市场、期货市场与外汇市场等。罗宾逊夫人则根据市场的垄断竞争程度将市场结构分为完全竞争市场、完全垄断市场、垄断竞争市场、寡头垄断市场。

国内专家、学者对市场分层思想也有所涉及,但其更多是以"市场结构"

---

[1] 费尔南·布罗代尔:《资本主义论丛》,顾良、张慧君译,中央编译出版社,1997,第76页。
[2] 卢现祥、朱巧铃:《论市场的上层组织及其功能》,《财经科学》2007年第1期,第50-58页。

"市场体系""市场构成"等概念出现。如，程恩富认为，广义的市场体系的基本框架结构应包括市场的主体结构、客体结构、时间结构和空间结构四个部分。其中，市场主体的结构根据不同的标准又可以分为多个层次，如根据经济权利的过渡关系不同，可以分为所有权市场、占有权市场和使用权市场。① 陈谈强认为，市场体系由一般商品市场、特殊商品市场和商品化商品市场三部分组成，这三大类市场又由若干小类市场组成，分为各种专门市场。② 张飞涟认为，现代的广义市场是指商品交换关系的总和，所以现代的市场结构必须包括三个基本要素，即具有"独立人格"的市场主体、具有"整体结构优化"的市场客体结构和具有健全合理的市场运行法规。市场的有效运行取决于这三个基本要素的协调配合、共同发展。③ 常修泽、戈晓宇认为，社会主义市场体系应包括要素商品市场、消费品市场、金融市场、劳务市场和房地产市场。而要素商品市场包括生产资料市场、劳动力市场、科技产品市场、产权拍卖市场和经营权转让市场，其中，前三者构成资产存量放大市场，后两者构成资产存量调整市场。④ 赵凌云认为，现代市场结构应该由市场客体结构、市场主体结构、市场地区结构和市场时间结构构成。其中，市场主体结构包括所有权市场、占有权市场、使用权市场等。⑤ 邱树芳把市场主体和客体结合起来，从市场运行过程中把握市场结构，认为，从静态来看，市场体系包括三种要素：一是市场体系的客体要素，二是市场体系的主体要素，三是调节主体与客体、主体与主体之间关系的规则系统。市场体系的动态结构主要包括：灵敏准确的信号系统、迅速及时的反应系统、联结一体化的市场传导机制及优胜劣汰的竞争机制等。曾繁华等认为，认识和理解市场体系的含义，应把握以下几个方面：一是从市场结构的子系统来看，它是在要素投入市场和商品市场相互联系、制约、依存和作用中所形成的有机体系；二是从市场机制的子系统来看，它是在价格、供求、竞争等相互联系、制约、依存和作用中所形成的有机体系；三是从市场管理的子系统来看，它是完备的市场规则、有效的市场管理手段、对市场主客体及市场行为施以规范有序市场

---

① 程恩富：《社会主义市场体系的特点和内在结构》，《探索与争鸣》1993年第2期，第37-40页。
② 陈谈强：《论发展社会主义市场体系》，《商业经济研究》1992年第3期，第5-8页。
③ 张飞涟，《论我国社会主义市场的培育》，《湖南师范大学社会科学学报》1993第5期，第9-14页。
④ 常修泽、戈晓宇：《产权市场论》，《学术月刊》1988年12期，第17-21页。
⑤ 赵凌云：《市场力论：一个新的理论框架及其在中国经济体制分析中的应用》，湖南出版社，1996，第20页。

第三章 城市出租车经营权行业监管的理论基础——市场产权理论

管理内容的有机体系。①

此外，一些学者根据市场主体的不同特征和内容，把社会主义市场体系看作多层次的法权市场。如，周振华等认为，市场上的商品交换活动实质上是市场主体的意志的体现，不论哪种交换活动，都体现着这种市场主体的意志关系，这种反映一定经济关系的意志关系，是一种法权关系。所以，商品或劳务的交换实质上就是市场主体的法权让渡关系。这种法权让渡关系大致可以归纳为三种基本类型：所有权让渡关系、占有权让渡关系和使用权让渡关系，由此形成三权市场。大多数客体市场必须与多层次法权市场相对应。②金建认为，市场上的商品交换，实际上是不同市场主体的权利让渡。市场主体的权利可以分成四种，即所有权、占有权、支配权及使用权，因此市场商品的权利让渡关系也有四种，即所有权让渡关系、占有权让渡关系、支配权让渡关系及使用权让渡关系。这四种关系，决定了市场的权利结构由所有权市场、占有权市场、支配权市场及使用权市场组成。③ 韩宏树、刘文西认为，从市场主体之间发生的经济关系来看，市场的基本活动就是其经济权利的互相让渡。经济权利的相互让渡关系的类型有：所有权让渡关系、占有权让渡关系和使用权让渡关系。根据不同类型权利的让渡关系，市场主体的构成可包括所有权市场、占有权市场和使用权市场。④

纵观中外经济文献，关于市场体系分层的思想可谓相当多，中外专家、学者都从不同角度、不同侧面、不同层次对市场进行了分层。但笔者认为，较为科学完整的、广义的市场体系分层应包括这几方面内容：从市场客体角度，市场可以分为商品市场和要素市场；从空间角度，市场可分为地方性市场、区域性市场、全国性市场和世界性市场；从时间角度，市场可以分为现货市场、期货市场和贷款市场；从市场的供求结构角度，市场可以分为完全竞争市场、完全垄断市场、垄断竞争市场、寡头垄断市场；从产权角度，市场可以分为现货市场和产权密集型市场；从市场主体让渡的经济权利角度，市场又可分为所有权市场、占有权市场、使用权市场、收益权市场和处分权市场。根据笔者所搜集的文献，目前学术界对前面几种角度的市场分层均有

---

① 曾繁华、鲁贵宝：《基于市场产权的国家竞争优势研究：一个新的经济全球化"游戏规则"及其博弈框架》，经济科学出版社，2008，第19页。
② 周振华、刘志彪、施建军：《建立和完善多层次的法权让渡市场》，《财贸经济》1986年第9期，第5-10页。
③ 金建：《中国社会主义市场经济导论》，中山大学出版社，1993，第167-168页。
④ 韩宏树、刘文西：《中国市场经济与国家宏观调控》，武汉大学出版社，1993，第252页。

· 51 ·

较深刻的研究，并已取得了一定的共识，但罕有资料对最后一种分层角度进行深刻探讨，学术界对此仅提及概念而已，而对分层市场下的子市场进行深刻剖析的几乎没有。本书借鉴前辈专家的思想，试图从产权角度对市场体系进行分层并对分层后的子市场进行深刻剖析。

由于本书所涉及的出租车经营权是一种典型的经营权市场，因此本书将重点剖析经营权市场。

（三）基于产权视角的市场分层

纵观中外文献，目前学术界对产权问题的研究可谓建树颇多，而且说法不一。但总的来说，学术界对产权具有如下规定性取得了一致意见：（1）产权通常是指人们是否有权利用自己的财产来谋取自己的权益，产权是一个历史逻辑概念，其内涵会随着社会生产力的发展不断丰富，而不是一成不变的；（2）特定财产完备的产权总以复数的形式出现，即产权是一束权利或一组权利，而不是单一权利；（3）产权是可以分解的，特定财产的各项权利可以独立出来，分属不同主体。依此思路，本书认为在社会主义市场经济条件下，市场上的商品交换活动实质上就是经济主体之间经济权利的互相让渡，而经济主体之间相互让渡的经济权利就是从整体产权中分离出来的各项权能。"一个充分的市场主体，本来是这几种权利的统一体。但现代市场运行中更多的情况则表现为几种权利的分离，尤其是所有权和使用权的分离"。[1] 因此，根据经济主体之间不同类型经济权利的让渡关系，可以将市场分为所有权市场、经营权市场、使用权市场、占有权市场（控制权市场）、转让权市场（处分权市场）及收益权市场等几个层次。

1. 所有权市场

关于所有权市场的研究最早可以追溯到马克思的论述。在《资本论》中，马克思在对地租进行分析时，就明确了土地所有权让渡的表现形式。马克思还认为，在市场经济社会中，土地作为一种经济资源会在不同主体之间不断地流动。这样，土地所有权还将商品化，成为可交换、可流通的对象。这时，土地所有权的经济实现便出现了另一种形式，即土地价格。土地价格是"资本化的地租"，即转化为一定量的货币资本的地租。[2] 同时，马克思在论述一般商品交换时，也涉及了商品的所有权。一切商品对它们的所有者是非使用

---

[1] 肖灼基：《市场经济实务》，中共中央党校出版社，1993，第89页。
[2] 马克思：《资本论》第3卷，中共中央马克思恩格斯列宁斯大林著作编译局编译，人民出版社，2004，第874页。

第三章　城市出租车经营权行业监管的理论基础——市场产权理论

价值，而对它们的非所有者是使用价值，所以该商品必须全面转手。这种转手就是商品所有权的让渡。后来，学者继续沿袭马克思的思路，将对所有权市场的研究明朗化。《中华人民共和国民法典》第二百四十条规定："所有权人对自己的不动产或者动产，依法享有占有、使用、收益和处分的权利。"所有权的核心是处置权能，它不仅决定财产的经济命运，也决定了财产的法律命运，有无处置权能成为判断有无所有权的重要依据。因此，所有权市场是指交易对象的所有权让渡市场。在所有权市场中，市场的参加者必须拥有对交易对象的处置权，具有所有权的法人地位。商品所有权的让渡，也就意味着对商品处置权的让渡，是最高级的权利让渡，它决定了商品占有权、使用权和收益权的归属。一方获得了所有权，也就获得了对商品的占有权、使用权和收益权。因为，作为所有权核心的处置权是基本权能，而占有权、使用权和收益权则是派生的。所有人具有商品的处置权，必然享有商品的占有权、使用权和收益权。因此，在所有权市场上，商品所有权在卖方与买方之间的易位，伴随着商品占有权和使用权的让渡，这是一种完全的、彻底的让渡关系，也是市场中最基本、最古老、最广泛的经济关系，即使在所有权与占有权、使用权分离的情况下，由于处置权的永久性，决定了这种分离不论经过多长时间，都只是暂时的分离，占有权、使用权最终要并入所有权中。因此，所有权市场最本质的内在规定性，就在于经济权利的全面让渡及最高权利的让渡。一般来说，消费品买卖市场就是一种典型的所有权市场，消费品的买卖就是所有权关系的让渡[①]。

2. 经营权市场

经营权是由所有权派生出来的，是相对于所有权的一个相对概念。因此，经营权市场也是一个相对性的概念，是伴随着"两权分离"而从所有权市场中分离出来的。在两权合一的情况下，所有权的出卖、转让，也就是经营权的出卖、转让是合一的。两权分开后，有时并不需要转卖所有权，只要出卖经营权即可。这就必然要出现另一种市场类型：经营权出卖的市场。所以，经营权市场是指交易对象的经营权让渡市场。即市场主体将交易对象的经营权当作商品推向市场，通过招标、投标及同质企业兼并等各种竞争方式来确定或调整企业的经营主体，最有竞争力的企业和最有才能的经营者以最合理的市场价格（标价）取得经营权。在经营权市场上，市场主体是权利地位不对等的供应者和需求者。行使经营权的可以是财产所有者，也可以是非所有

[①] 当然，也有诸如自行车、照相机等少量的使用权关系的让渡。

者的财产经营者，而经营权市场供应者一般是财产的所有者。财产所有者在保留所有权和最高支配权的前提下，将经营权让渡给经营者。因此，经营权市场的内在规定性在于经济权利的有限让渡和相对让渡。所有权同经营权只是有限的分离，所有者同公司的联系并未割断，所有权同经营权的关系也是很密切的。这不仅突出地表现在所有者对公司利润的享有（即所有者行使着收益权），还表现在所有者可以通过股东大会选举自己的代言人，并通过股东大会、董事会等机构对公司的经营实行监督，而公司的经理人员也必须定期向股东大会报告公司的经营管理情况，主动接受股东的监督。这说明，即使是在商品经济高度发达的资本主义生产条件下，所有权同经营权的分离也只是相对的、有限的分离，而非截然的、绝对的分离。比如，商铺经营权、土地承包经营权、公路经营权、旅游景区经营权和出租车经营权等各种经营权就是非常典型的经营权市场。

3. 占有权市场（控制权市场）

占有权是指对某物或某财产的实际控制或掌握的权利。关于占有权的性质，目前学术界尚存在较大争议。部分学者认为，占有权是一项与所有权并列的独立权利。如，19世纪普通法学者霍姆斯认为，"只要占有权得到保护，它就是一种与寻求相同保护的所有权同等程度的法律权利渊源"。[①] 戈德雷也认为，"占有必然是某种权利，因为它可以被转让和继承"。[②] 另一部分学者则认为，占有权是所有权的一项权能，如王利民认为，占有权能是所有权的基本权能之一，"是指特定的所有人对于标的物进行管领的事实，即占有为所有权的事实权能，亦即所有权的基础权能"。[③] 在我国的民法范围里，占有权也指所有权的占有权能，《中华人民共和国民法典》第二百四十条规定："所有权人对自己的不动产或者动产，依法享有占有、使用、收益和处分的权利。"由此可见，我国民法通常是在所有权权能的意义上来使用"占有权"这一概念的。占有权能作为所有权最重要的权能之一，是行使所有权的基础，也是实现资产使用权能、收益权能和处分权能的前提。使用、收益和处分等权能的行使必须要以对物或财产的占有为前提，只有占有该物或财产，才能更好地行使其他三项权利，从而更好、更充分地行使所有权。因而，在大多数情况下占有权与所有权是重合的，"因为所有权只有从占有开始，才能由客观权

---

① 霍姆斯：《普通法》，冉昊、姚中秋译，中国政法大学出版社，2006，第188页。
② 戈德雷：《私法的基础：财产、合同和不当得利》，张家勇译，法律出版社，2007，第89页。
③ 王利民：《物权本论》，法律出版社，2005，第129页。

利变为主观权利,而且只有当占有权回复到所有人手中,所有权才最终恢复其圆满状态"。[1] 但在特定条件下,作为所有权的一项独立权能,占有权能也可与所有权分离,形成为非所有人享有的独立的权利。因此,占有权市场则是指交易对象的占有权让渡市场。在一般情况下,财产总是归所有者占有,但有时也为非所有者按照法律的规定或所有者的意志而占有,这种所有权和占有权的分离,就形成了占有权的让渡关系,从而形成了占有权市场。占有权市场的主体是权利地位不对等的供应者和需求者,供应者是具有法人地位的所有者,他们保留对供应物的所有权,而转移占有权。而需求者并不要求是具有对等地位的所有者,因为占有权市场的特点是经济权利的局部让渡和暂时让渡,需求者购买占有权仅仅是法权的局部购买和暂时购买,所以需求者并不需要以所有者的身份出现在该市场上,而只是以占有者的身份。这种作为市场主体的供应者和需求者的权利地位的不对等性,正是占有权市场的本质规定的反映。占有权市场的主体虽然不具有所有权的法人地位,但他们拥有财产的合法占有权,在不违反法律规定或所有人意志的前提下,他们可以让渡占有权。占有权的让渡并不改变商品的法律命运,只是转让了对商品的实际控制权利。合法占有是以所有者的许可为前提的,所以占有权的让渡必须符合法律的规定或者体现所有者的意志。例如,国有企业的生产资料是国家授权企业进行管理的,企业不能随意让渡其占有权,而要经过有关部门的批准,否则就是侵犯了国家财产,要承担法律责任。但是,在占有权市场上,虽然商品占有权的让渡与所有权让渡是分离,但占有权的让渡与使用权的让渡却是同时完成的。占有权市场通常的交易方式,是通过合同实行的承包、保管、租赁等。

4. 使用权市场

在任何社会经济形态中,占有物都不是人们的最终目的,占有是为了更好地获取物的使用价值或增值价值[2]。因此,对物加以利用并取得相应的使用价值或增值价值才是拥有所有权的目的。正如马克思所说,"只要'生活资料和享受资料'是主要目的,使用价值就起支配作用"。[3] 这种对物加以利用的权利即使用权。因此,使用权是指依所有物的性能或用途,在不毁损所有物

---

[1] 王利明:《国家所有权研究》,中国人民大学出版社,1991,第126页。
[2] 王利明、李时荣:《全民所有制企业国家所有权问题的探讨》,《中国社会科学》1986年第1期,第3-26页。
[3] 马克思、恩格斯:《马克思恩格斯全集》第46卷,中共中央马克思恩格斯列宁斯大林著作编译局编译,人民出版社,1980,第388页。

本体或变更其性质的情形下对物加以利用，从而满足生产生活需要的权利。[①]使用权是所有人对物利益的实现方式，所有人在法律规定的范围内，可以依自身的意志使用该物并获取相应的孳息。使用权是直接于所有物之上行使的权利，因而使用权的存在首先以物的存在为前提[②]。因此，一般情况下，使用权与所有权是统一的。但在某些情况下，当物与所有人发生了分离，使用权也可以独立于所有权而存在，这时使用权就与所有权发生了分离。同时，所有人可以根据法律或合同，将对物的使用权利转让给非所有人，从而形成使用权市场。使用权市场是指让渡交易对象使用权的市场。使用权是以实现所有权利益为目的，并且是从所有权中分离出来的独立权利，对所有物的分离、让渡和转移起着支配作用。因此，使用权市场的主体也是权利地位不对等的供应者和需求者。行使使用权的可以是财产所有者，也可以是非所有者的财产合法占有者，或者是既非所有者又非占有者的使用者，财产所有者和占有者可以向使用者让渡财产的使用权，因此使用权市场的供应者是二元的。一部分供应者直接就是所有者，他们保留所有权和占有权，仅仅转移使用仅；另一部分供应者是占有者，他们保留占有权，转移使用权。因为非所有者的占有者在让渡使用权时，要取得所有者的许可，未经所有者的允许，单纯占有者无权转让财产的使用权，所以所有者让渡使用权是绝对的，单纯占有者让渡使用权则是相对的。因此，使用权市场的内在规定性，在于经济权利的个别让渡和临时让渡。需求者购买使用权后，一般要根据合同的要求，按照指定的用途使用。他只能在直接对物的使用上获得使用价值，而不能单纯为了获取物的价值，该市场的需求者仅仅以使用者的身份出现。通常的交易方式为操作性租赁、代客加工、资金拆放、商标借用、许可证贸易等。

5. 处分权市场（转让权市场）

处分权是指依法对物进行处置，从而决定物的命运的权利。[③] 在民法中，处分权作为所有权的一项权能，是所有权的核心，也是所有权最基本的权能。民法中的处分权能包括事实上的处分与法律上的处分。事实上的处分，即对物进行实质上的变形、改造或毁损等物理上的事实行为，例如拆除房屋、撕毁书籍、以麦制面等；法律上的处分，即对物的所有权的转移、限制或消灭

[①] 梁慧星：《中国物权法研究》，法律出版社，1998，第259页。
[②] 王利明、李时荣：《全民所有制企业国家所有权问题的探讨》，《中国社会科学》1986年第1期，第3-26页。
[③] 王利民：《物权本论》，法律出版社，2005，第131页。

等,使所有权发生变动的法律行为,如物的买卖和抵押等。① 虽然处分权作为所有权的一项最基本权能,是所有权的核心,但是基于法律规定和所有人的意志,某些处分权能仍然可以从所有权中独立出来,与所有权分离,从而形成处分权市场。事实上的处分是对所有物进行实质上的变形、改造或毁损,因而在一般情况下,这种处分权能非属所有权人不可,除非法律另有规定。② 因此,我们这里所说的能从所有权中独立出来并与所有权相分离的处分权能只能是法律意义上的处分权能,而非事实意义上的处分权能。所以,这里的处分权市场主要是指法律意义上的处分权市场,是指市场主体依法对交易对象的各种权利(包括所有权、经营权、使用权等)进行转让的市场,即转让权市场。根据转让权市场让渡的权利的不同,转让权市场又可以分为所有权转让、经营权转让和使用权转让等。其中,使用权转让也称为许可使用权。在转让权市场上,市场主体也是权利地位不对等的供应者和需求者。权利的需求者可以是财产的所有者,也可以是非财产所有者的经营者,还可以是非所有者和经营者的财产使用者;权利的供应者则只能是财产的所有者。典型的所有权转让市场如二手车的转让、国有资产的处置与转让等,经营权转让市场如酒店经营权的转让等,使用权转让市场如专利权的转让和再转让等。

6. 收益权市场

关于收益权,目前通行的民法教科书和学术著作一般将其归为所有权的四大权能之一,如《中华人民共和国民法典》第二百四十条规定:"所有权人对自己的不动产或者动产,依法享有占有、使用、收益和处分的权利。"作为所有权权能之一的收益权是指利用所有物并获取由其产生出来的新增经济价值即孳息的权能。③ 人们占有物的最终目的不是占有行为本身,而是为了在占有之上获取更多的物的使用价值或增值价值。正如王利明所言,"人们所有某物,都是为了在物之上获取某种经济利益以满足自己的需要,只有当这种经济利益得到实现之后,所有权才是现实的"。④ 因而,作为所有权四项权能之一的收益权能在所有权中就处于十分重要的地位,是所有权的一项重要权能,同时是所有权在经济上的实现。所有权要在现实运动中得以实现,所有人不仅要获取物的使用价值,还要获取通过物化劳动所产生出来的新增价值(收

---

① 谢在全:《民法物权论》,中国政法大学出版社,1999,第124页。
② 房绍坤:《物权法用益物权编》,中国人民大学出版社,2007,第34页。
③ 王利民:《物权本论》,法律出版社,2005,第131页。
④ 王利明:《国家所有权研究》,中国人民大学出版社,1991,第135页。

益)。如果享有所有权对所有人毫无收益,所有人等于一无所有。由于收益权是所有权的一项重要权能,是所有权在经济上的实现形式,因此一般而言,收益权总是归所有者所有,二者是联系在一起的。如,土地拥有者凭借对土地的所有权收取地租,货币资本家凭借对货币的所有权获取利息收入。这一点马克思在谈及地租问题时做了精辟的阐述:"不论地租有什么独特的形式,它的一切类型有一个共同点:地租的占有是土地所有权借以实现的经济形式,而地租又是以土地所有权,以某些个人对某些地块的所有权为前提。"[①] 同时,收益权能与使用权能也有着密切的关系,因为收益权是利用所有物并获取孳息的权利,没有对所有物的利用也就没有对所有物的收益权利。但不能因此认为有了使用权就有了收益权。如果这样"就有可能助长一些全民所有的企业无限占有企业的收入,这样不仅直接侵犯了国家的收益权,而且最终损害了国家所有权"。[②] 在现实生活中,所有权、使用权和收益权经常是分离的。有了使用权不一定有收益权和所有权,如在房屋租赁中承租人只有使用权,而不拥有房屋的所有权,且不能通过转租从中获得收益。同样,基于某种法律规定或所有人的意志,所有人也可将部分收益权连同其他权利让渡给非所有人。这时,收益权就与所有权发生了分离。在市场经济条件下,当所有人将其收益权让渡给非所有人或所有人与非所有人同时拥有收益权,收益权与所有者相分离时就形成了收益权市场。如,承租人在征得房屋所有人同意的前提下,可以将承租的房屋转租给他人,并有权向他人收取租金。在这种情况下,承租人就是以合法占有人即非所有人的身份获得收益权的。收益权市场是指市场主体让渡(转让)交易对象收益权的市场。由于收益权是所有权在经济上的实现形式,因此在收益权市场上,市场的供应者总是具有法人地位的所有者,他们保留对财产的所有权,而转让收益权。而市场的需求者并不要求是具有对等地位的所有者,可以是仅仅获得财产的收益权,也可以是同时获得财产的收益权和使用权或经营权等其他权利,甚至还可以是获得财产的完整所有权。收益权市场是一种经济权利的局部让渡和暂时让渡市场。这种作为市场主体的供应者和需求者的权利地位的不对等性,正反映了收益权市场的本质规定性。

[①] 马克思、恩格斯:《马克思恩格斯全集》第25卷,中共中央马克思恩格斯列宁斯大林著作编译局编译,人民出版社,1974,第714页。
[②] 王利明:《国家所有权研究》,中国人民大学出版社,1991,第133页。

二、经营权市场理论探析

(一) 经营权的渊源、内涵及特征

1. 经营权的渊源

经营,是筹划并管理的意思,通常情况下,它可以用来指处理一切与经济相关的事务的经济活动。在国际上,"经营"一词可与"经理"同义,有"使用、处置、控制"之意,它既可以指从事某项工作、事业,也可以指自然人、法人做生意。在我国古代典籍中,"经营"一词最早可见于《诗经》:"经营原野,杳冥冥兮。"这里是指东西南北的广阔天地,此种含义与现在所指经营意义不尽一致。但作为一种权利来说,传统的民法并没有"经营权"的概念和内容,经营权要么被作为所有权的一种权能,要么被财产权的概念所取代。因此,经营权的最终形成,经历了一个漫长的演进过程。

在人类历史的发展进程中,最早出现的经营权是原始社会的占有经营权。这时期的经营权并非所有人的自主经营权,也非非所有人的他主经营权,而是无所谓自主和他主的占有经营权。原始人"对土地的经营,对土地的利用,是以对土地实际占有为条件,占有一旦失去,就连带对土地的经营权、利用权也一同失去"。[①] 此时的原始人不存在"所有"观念,无所谓"所有人"和"非所有人"。因此,此时的经营权与所有权是融为一体的,经营权即所有权、占有权和利用权。随着原始经济的解体、国家和私有制的产生,原始人产生了"所有"观念,这时才有了"自主经营"和"他主经营"。经营权才逐渐从所有权中分离出来。最早将经营权作为一种由所有权人以外的主体享有的独立权利,始于古罗马时期,即家长把一定的财产交给家子从事手工业、商业或航海经商活动,家子对该特有财产享有自主经营管理的权力。但是,在奴隶社会和封建社会,由于生产力的相对低下,自给自足的自然经济占据统治地位,经济活动大多数是在彼此隔绝的封闭状态下完成的。而且,奴隶社会中的直接生产经营者还不是独立的主体,奴隶被当作活的工具,没有法律上的独立人格,封建社会中的农民虽然地位有所改善,但仍摆脱不了对地主的人身依附关系,始终没有成为独立的生产经营主体。因此,在奴隶社会和封建社会,虽然已经有了所有权权能的分离,但从所有权中派生出独立类型的经营权,却是极为罕见的,或者说只是一种例外情形。

---

① 覃天云:《经营权论》,四川人民出版社,1992,第398页。

"互联网+"思维下城市出租车经营权行业监管模式研究
——以市场产权理论为基础

所有权同经营权的分离，到了商品经济高度发达的资本主义社会才成为一种普遍现象。"资本主义生产本身已经使那种完全同资本所有权分离的指挥劳动比比皆是，因此，这种指挥劳动就无须资本家亲自担任了"。[①] 自然经济的彻底瓦解，社会化大生产的蓬勃发展，社会分工和协作范围的迅速扩大，导致资本主义生产经营方式发生了深刻变化，所有权的各项权能在生产、交换、分配和消费各个环节中日益明显地分离开来，各项权能没有必要甚至也没有可能在任何情况下都集中于所有人一人之身。在这种情况下，所有权人必须将某些财物交与他人，由他人行使占有权、使用权、处分权，并与他人分享收益。[②] 其突出表现就是股份有限公司的出现。这种公司是当代资本主义社会普遍实行的经济组织形式，其主要特征是：公司的经营者不一定是出资者，而出资者也不一定参与经营；全部股东只需就入股资金对公司的经营状况负有限责任。因此，股份有限公司的所有权与经营权已经发生了分离，所有者不直接占有、使用、处分公司财产，而是将所有权的各项权能交于他人处置；经营者虽非所有者，但却行使着所有者的各项权利。可以说，股份有限公司是资本主义所有权同经营权分离的最典型的表现。

所以说，经营权的产生是商品经济和社会分工不断发展的必然结果，经营权是从所有权本体中分离出来的，相对于所有权的一个相对概念。但是，在这里，所有权同经营权只是适当的分离，所有者同公司的联系并未割断。

我国实施经营权制度的依据是马克思主义的资本所有权与资本职能分离的原理。在《资本论》第3卷中，马克思在分析资本主义信用与股份制度时提道，资本社会化程度的提高，促进了资本职能与资本所有权相分离，其标志是所有者不直接从事生产经营，生产经营由公司聘请的经理来承担。列宁也指出："资本主义的一般特性，就是资本的占用同资本在生产中的运用相分离，货币资本同工业资本或生产资本相分离，全靠货币资本收入为生的食利者同企业家和其他一切直接参与运用资本的人相分离。"[③] 马克思、列宁所谓的资本主义所有权与经营权的分离，是商品生产和社会化大生产的客观要求。而在社会主义社会，作为一项相对独立的财产权利的全民所有制企业经营权，也是社会主义商品经济发展的客观要求，体现了社会主义全民所有制经济发

---

① 马克思、恩格斯：《马克思恩格斯全集》第26卷，中共中央马克思恩格斯列宁斯大林编译局编译，人民出版社，1974，第435页。
② 刘凯湘：《经营权》，法律出版社，1987，第8页。
③ 中共中央马克思恩格斯列宁斯大林著作编译局：《列宁选集》第2卷，人民出版社，1960，第780页。

展的特点。改革开放以前,在计划经济体制管理思想下,我国全民所有制企业实行国家集中统一管理,国家直接经营管理企业,企业没有独立的经营权,成为国家的附属机构。由于"政企不分",国家对企业管得过多过死,国有企业缺乏应有的活力,企业效益低下。随着经济体制改革的展开,国家采取了一系列措施扩大放权、让利,包括利润留成、国有资产有偿占用制度等,从而在一定程度上扩大了企业的经营自主权。1984年10月,在总结理论与实践的基础上,中共中央在关于经济体制改革的决定中,明确提出了所有权与经营权分离的思想。[①] 这一思想的提出最终确立了全民所有制企业"两权分离"的思想,即国家对国有企业的财产享有所有权,企业享有经营权。这时,企业的经营权才真正确立,企业经营权的确立意味着国有企业在广泛的范围内拥有自由支配其财产的权利,并具有与所有权类似的全部权能,国有企业可以运用一切手段去实现自己的利益和目的;企业经营权的确立同时意味着企业能独立承担财产责任。这就满足了国有企业成为独立的市场经济微观主体的需要,调动了企业的积极性,增强了国有企业的活力,推动了国有企业改革的深入进行。[②]

2. 经营权的内涵及特征

(1) 经营权的内涵

20世纪80年代,随着国有企业改革的深入,国有企业所有权与经营权的分离也成为理论界讨论的热点。理论界对经营权的探讨倾注了极大的热情,具体来说,主要有以下几种观点。

第一,经营权即所有权或大致等于所有权。这种观点认为,经营权具有或基本具有所有权的一切权能,即占有、使用、收益和处分权能。在市场机制的作用下,企业的经营活动要求企业对企业资产具有完全支配权,要求企业享有所有权的一切权能,因而从企业的经济实践上来看,经营权应等同或基本等同于所有权。然而,这一理论值得商榷,若经营权等同于或基本等同于所有权,则无所谓经营权与所有权的区别了,二者合一,经营权也就失去了存在的意义,更无所谓经营权与所有权的相分离,"两权分离"也就不存在了。

第二,经营权即经济上的所有权。这种观点的基础源于马克思关于双重所有权的理论。马克思认为所有权由法律所有权与经济所有权之分。法律所

[①] 刘磊:《国有企业经营权探析》,《甘肃理论学刊》2005年第4期,第63-66页。
[②] 赵娟:《出租车经营权的法学思考》,硕士学位论文,广西大学,2008。

有权是资本运动过程中货币资本的法律形态,而经济所有权则是资本运动中实物资本的存在,这是两种完全不同的资本存在形态。显然,马克思关于资本运动过程中的法律所有权和经济所有权的区分具有重要意义,它直观地将资本运动过程中货币资本与职能资本之间的关系展示出来,也为后来所有权与经营权的分离提供了重要的理论基础。但是,从所有权的本质属性来看,它是一种权利,理应属于法学范畴,只有在所有权中的某种经济内容具备了权利外壳后,才能称为所有权。因而,所有权的分离应是所有权权能的分离,而不是法律上的所有权与经济上的所有权的分离。这种观点认为,"两权分离"的实质是法律所有权与经济所有权之间的分离;国家是法律所有权的享有者,而企业则是经济所有权的享有者缺乏足够的理论根据。以经济所有权作为经营权的内涵,不足以规范化地揭示出经营权的本质属性。

第三,经营权即经营管理权。"经营管理权"概念最早出现于20世纪40年代末。在《国家的社会主义所有权》一书中,苏联法学家维尼吉克托夫系统阐述过国家与企业间所有权与经营管理权分离的思想。他认为,在经济和法律意义上,全民财产的统一和唯一所有人是国家,企业仅仅是国家的一个代理机关,企业的行为直接就是国家的行为,企业从国家得到财产进行经营管理,这种权利不是民法上的权利,只是一种行政性的权利,是利用国家财产完成国家计划所必需的各种职能、权利和义务的总和[①]。"社会主义国家对于国营企业,是把全部国家权力同所有人的一切权力结合起来掌握在自己的手中。国家社会主义所有权最突出的特点之一,就在于这一个国家权力同所有人的一切权力的密切的不可分割的结合"[②]。经营管理权论不仅一开始就在学术界有市场,并且为国家根本大法所肯定,我国1982年颁布的《中华人民共和国宪法》第十六条规定:"国营企业在服从国家的统一领导和全面完成国家计划的前提下,在法律规定的范围内,有经营管理的自主权。"后来,我国理论界虽然从概念上舍弃了"管理"二字,但维尼吉克托夫为经营管理权所设计的内容依然对我国法学界有较大影响,直到1984年才以党的决议的形式明确提出"两权分离"的经营权新概念,并于1988年由《中华人民共和国全民所有制工业企业法》第二条给予确认:"企业对国家授予其经营管理的财产享有占有、使用和依法处分的权利。"

---

① 维尼吉克托夫:《国家的社会主义所有权》,转引自王利明《国家所有权与管理权》,《中国法学》1985年第4期,第34-37页。
② 维尼吉克托夫:《国家的社会主义所有权》,转引自梁慧星《所有权形式论》,《东岳论丛》1983年第2期,第69-75页。

第三章　城市出租车经营权行业监管的理论基础——市场产权理论

第四，经营权即股份公司中经营者的权利。把经营权视同股份公司中经营者的权利的观点，产生于这一推论：股份制是所有权与经营权相分离的典型形式，股东与经营者的权利也相应是国家与企业的权利。[①] 因此，从股份公司的实际经济实践来看，经营权的内容与股份公司中经营者的权利实际相同一。经营权应是股份公司中经营者的权利。从股份公司丰富的经济实践来看，这种观点具有一定的可接受度。但股份公司中的两权是股东的权利和经营者的权利，这两种权利的分离发生在股份公司内部；而国家与企业之间的两权是所有权与经营权，这种分离发生在股份公司外部。股份公司中经营者的权利并不能代表经营权。

学者们之所以对经营权的内涵出现多义化理解，是因为其考察经营权的角度不同。一般来说，根据经营主体的性质，经营权可区分为所有人的自主经营权和非所有人的他主经营权。在所有人自主经营的条件下，经营权与所有权在主体上是同一的，在权能上是重复的，经营权的行使是所有权权能的实现，自主经营权直接表现为所有权。所有人对物资的经营，即对物资的占有、使用、收益、处分，即成为所有权的权能[②]。在非所有人他主经营的条件下，他主经营权相对于所有权享有独立的地位，他主经营权与所有权无论在主体上还是在权能上都是分离的。因此，本书主要讨论的是他主经营权（以下统称为经营权）。本书认为，凡是非所有权人为了生产经营之需，对所有权人的财产单项或多项地行使所有权权能以获取财产的使用价值，其所享有的权利即经营权。经营权是由所有权派生出来的，具有商品经营职能，它通常是由若干个权能或权能的一部分组成。通常情况下，经营权包括使用权、在经营期限内对财产的占有权和依照财产所有者与经营者的协议所拥有的全部的或部分的（也可以没有）对财产的处分权。我们可以借鉴1992年7月国务院颁布的《全民所有制工业企业转换经营机制条例》第六条的规定："企业经营权是指企业对国家授予其经营管理的财产享有占有、使用和依法处分的权利。"

在我国民法中，经营权有两种大的类型：一是作为经济组织的企业所享有的经营权，或称经营管理权；一是作为自然人的农民所享有的经营权，或称承包经营权。企业[③]经营权，是指全民所有制企业依法对国家授予它经营管

[①] 靳宝兰：《经营权辩析》，《法学杂志》1989年第1期，第14-15页。
[②] 覃天云：《经营权论》，四川人民出版社，1992，第397页。
[③] 这里所讲的企业专指全民所有制企业，不包括集体所有制企业及其他种类的企业。

理的财产，自主地、有效地行使占有、使用和处分的权利。换句话说，经营权就是在国家保留所有权的核心和灵魂——最终支配权的前提下，在国家法律规定的限度内，由企业就其被授权经营管理的财产行使占有、使用、收益和处分的权利，即行使所有权的各项权能。

（2）经营权的特征

第一，经营权是派生于和从属于财产所有权的权利。经营权的产生是所有权权能分离的必然结果，是商品经济发展到一定程度而从所有权本体中派生出来的一种权利形式，它是一种派生权利，从属于所有权。但经营权与所有权的分离不是彻底的、截然的分离，而只是一种"适当"的分离，即有限度的分离。这种"适当"的或者说有限度的分离，体现在所有权者保留着财产的最终支配权。国家并不是在任何情况下都将对全民财产的各项权能毫无限制地授予企业，企业的经营权也并不是在任何条件下都具有排他性的、充分的效力，其中处分权所受到的限制最大。换句话说，经营权的从属性最主要地体现在处分权的限制上。例如，企业一般只有权将多余的、闲置的固定资产（如机械设备、仪器、运输工具、厂房等）出租或出让，所得的收入也只能用于购置企业所需要的设备、技术改造，或用作扩大再生产，而不得挪作他用。

第二，经营权通常是由若干个权能或权能的一些部分组成的权利。经营权是以占有一定的财产为基础和前提，通过使用、控制等，达到获取一定的收益为目的的一种集合性权利，是占有权、使用权、控制权和营业权等多种权利的集合体。因此，经营权通常包含对财产的使用权、占有权，以及全部的或部分的（也可以没有）收益权和处分权。

第三，企业经营权是国家行使其财产所有权的一种重要法律形式，是国家所有权得以实现的重要途径。从我国经营权产生的背景我们可以看出，在我国，经营权是与所有权相对应的一个概念，是人们为了改变企业作为行政机关的附属物的现象，达到对企业放权、让利的目的才提出的。它实质上是由所有权派生出来的，是企业财产国家所有权的一种重要法律形式，是国家所有权得以实现的重要途径。国家作为所有者，它可以直接根据自己的意志，自己占有、使用、收益和处分财产，也可以按法律等规定授权企业进行占有、使用和处分，而这时企业就拥有了对财产的经营权。企业行使经营权的行为，一方面代表着企业自身的意志和利益，另一方面又代表着国家的意志和利益。正是无数企业时时刻刻行使着这种经营权，国家的所有权才得以实现。所以，企业行使经营权是国家实现其所有权的最重要的法律形式，也是最广泛、最经常的途径。

(二) 经营权市场的产生

1. 经营权市场的产生及内涵

经营权市场的产生是伴随着经营权从所有权中逐渐分离出来而出现的。经营权市场的最终形成，也经历了一个漫长的演进过程。最早的经营权市场可以追溯到古罗马时期，即家长把一定的财产交给家子从事手工业、商业或航海经商活动，家子对该特有财产享有自主经营管理的权力。但是，在奴隶社会和封建社会，由于自给自足的自然经济占统治地位，经济活动大多处于封闭状态。而且，在奴隶社会中，奴隶被当作活的工具，没有独立的法律人格，封建社会中的农民虽然地位有所改善，但仍摆脱不了对地主的人身依附关系，还没有形成独立的生产经营主体。因此，在奴隶社会和封建社会，并没有产生经营权市场。

到了商品经济高度发达的资本主义社会，所有权同经营权的分离成为一种普遍现象。由于自然经济的彻底瓦解，社会化大生产的蓬勃发展，社会分工和协作范围的迅速扩大，所有权各项权能在生产、交换、分配、消费各个环节中日益明显地分离开来。在这种情况下，所有权人必须将某些财物交与他人，由他人行使占有权、使用权、处分权，并与他人分享收益，才能更有效地组织经济活动。因此，这时候出现了资本主义社会的各种权利转让关系市场，包括劳动者将劳动力作为一种商品出卖一定时期的使用权给资本家并以此获取一定收入的劳动力市场、地产商将土地的使用权出卖给土地资本家而获取土地收益的地产市场和借贷资本家将货币资本的使用权出卖给职能资本家以获取利息的资金市场等。这时，经营权市场正式诞生。但真正标志着经营权市场完全建立的是企业经营权市场的形成。在商品经济条件下，分散的生产要素是作为单独的商品存在的，作为各种生产要素的组合体的企业自然也能作为商品进行出卖。一般来说，企业的出卖方式可以有两种：一是所有权的出卖，即通过企业所有权的出卖，所有者丧失所有权，此种方式适用于不同所有者之间；二是经营权的出卖，所有者拥有所有权，而出卖、转让经营权，此种方式既适用于不同所有者之间，又适用于同一所有者内部。[①]

所以说，经营权市场的出现，是伴随着"两权分离"而从所有权市场中分离出来的。在两权合一的情况下，所有权的出卖、转让，也就是经营权的

[①] 赵英军：《建立一种新型市场：经营权市场》，《世界经济文汇》1988年第4期，第59-60页。

出卖、转让。两权分开后，有时并不需要转卖所有权，只要出卖经营权即可。这就必然要出现另一种市场类型：经营权出卖的市场。因此，经营权市场是从所有权市场中分离出来的，是一个相对性的概念，是相对于所有权市场而言的。

因此，我们可以这样定义经营权市场：经营权市场是指交易对象的经营权让渡市场，即市场主体将交易对象的经营权（包括占有权、使用权、收益权和处分权）当作商品推向市场，通过招标、投标及同质企业兼并等各种竞争方式来确定或调整企业的经营主体，最有竞争力的企业和最有才能的经营者以最合理的市场价格（标价）取得经营权。根据经营权内部结构的不同，经营权市场又可以分为广义的经营权市场和狭义的经营权市场。狭义的经营权市场即使用权市场，广义的经营权市场是包括占有权、使用权、收益权和处分权等两种或两种以上权利在内的市场。

2. 经营权市场的特点

作为产权市场的一个分支，很显然，经营权市场拥有同其他产权市场相同的特点：

第一，交易对象的权利性。经营权市场的交易对象是一种权利，而非财产本身，虽然这种权利与特定财产客体相对应，但却与之相分离。经营权的转让只是对经营性财产进行经营这种权利的让渡，而不是经营性财产本身的买卖，这个经营性财产实体仍然没有发生转移。[①]

第二，交易方式主要体现为权利主体的变化。一般来说，经营权的交易主要是权利在不同主体之间的转手，而财产本身不发生任何变化，包括财产的位置、存在和运转空间等，经营权的交易是与财产实体的变化相分离的。

第三，存在的基础是商品经济的高度信用化。经营权交易是商品经济走上高度信用化的产物。经营权能从所有权中分离，并独立地成为交易对象，必须是在商品经济高度发达的基础上形成的，并且要求商品经济高度信用化。如果没有高度发达的信用制度，经营权也就不可能从所有权中分离出来，成为独立的交易对象。高度发达的信用制度给商品生产和商品交换提供了可靠、便利的条件。

但与此同时，经营权市场又有着与其他产权市场不同的特点。这里仅以所有权市场为例。经营权是由所有权派生出来的，经营权市场是随着"两权分离"而从所有权市场中分离出来的，是相对于所有权市场的一个概念，二

[①] 黄少安：《论社会主义的产权市场》，《经济理论与经济管理》1993年第5期，第25-29页。

者的关系十分密切。但是，两种市场仍存在一定的不同：第一，市场规模不同。经营权是由所有权派生出来的，因此经营权市场的规模相对于所有权市场的规模而言较小，所有权转让随处可见。第二，市场格局不同。所有权市场有着明显的买方竞争和卖方竞争的互相转化格局，而经营权市场基本上是买方市场竞争的单一格局。第三，市场交易方式不同。所有权市场基本以商品交易为主，而经营权市场则以信贷及服务为主。第四，市场权益不同。在所有权市场上，买者可以获得完全的权利；而在经营权市场上，买者获得的只是部分权利（使用权、部分处分权和收益权、占有权）。第五，市场期限不同。所有权的让渡，是一种完全的让渡，商品从出让时起，到商品的经济寿命及自然寿命结束，均由买者支配，因此期限最长。而经营权从所有权中的分离只是"暂时的"，最终还是会回到所有者手中，因此经营权市场的期限一般是中长期或短期。第六，权利让渡的完全性和彻底性不同。在所有权市场上权利的让渡是完全的、彻底的，一方获得了商品的所有权也就获得了对商品的完全占有权、使用权、收益权和处分权，因为在所有权诸权能中，处于核心地位是处置权，其他权能都是其派生的。拥有了商品的处置权必然也就享有商品的占有权、使用权和收益权。因此，商品所有权的让渡是最高级的权利让渡，它决定了商品占有权、使用权和收益权的归属。通常，所有权市场上权利的让渡是以买方和卖方之间易位的方式体现的。而经营权市场上权利的让渡则是有限的、暂时的。所有者在保留对物的所有权和最高支配权（处置权）的前提下，将对物的部分权能让渡给经营者，包括使用权、占有权、部分收益权和处分权。而且这种让渡也是暂时的，而非永久的，伴随着经营权期限的结束，这些权能最终又会回到所有者手中。

3. 经营权市场的类型

经营权市场从不同的角度有不同的分类。从交易经营权的标的物的角度，可以分为出租车经营权市场、国有企业资产经营权市场、公路经营权市场、旅游景区经营权市场、土地经营权市场等；从经营权让渡期限长短的角度，可以分为短期市场和中长期市场；从交易时有无固定场所的角度，可以分为有形市场和无形市场；从经营权所包含的权利范围角度，可以将其分为狭义经营权市场和广义经营权市场。由于前面几种分类较易理解，因此本部分将重点分析最后一种分类。

经营权是由所有权派生出来的，是由若干个所有权权能或权能的一些部分组成的，通常情况下包含使用权、在经营期限之内的占有权，以及依照财产所有者与经营者的协议所占有的全部或部分的（也可以没有）收益权和处分权。据此，我们可以将经营权划分为狭义经营权和广义经营权，狭义经营权是指使用权，广义经营权则包括使用权、占有权、部分处分权和收益权。而经营权市场则是指交易对象的经营权让渡市场。因此，经营权市场也可以分为狭义经营权市场和广义经营权市场，狭义经营权市场即使用权市场，广义经营权市场是包括使用权、占有权、部分处分权和收益权等两种或两种以上权利的市场。

（1）狭义经营权市场（使用权市场）

狭义经营权市场即使用权市场，是交易对象的使用权让渡关系市场。使用权是直接于所有物之上行使的权利，是以实现所有权利益为目的，并且对所有物的分离、让渡和转移起着支配作用。因此，使用权市场的主体是权利地位不对等的供应者和需求者。行使使用权的可以是财产所有者，也可以是非所有者的财产合法占有者，或者是既非所有者又非占有者的使用者，财产所有者和占有者可以向使用者让渡财产的使用权，因此使用权市场的供应者是二元的。一部分供应者直接就是所有者，他们保留所有权和占有权，仅仅转移使用仅；另一部分供应者是占有者，他们保留占有权，转移使用权。因为非所有者的占有者在让渡使用权时，要取得所有者的许可，未经所有者的允许，单纯占有者无权转让财产的使用权，所以所有者让渡使用权是绝对的，单纯占有者让渡使用权则是相对的。因此，使用权市场的内在规定性，在于经济权利的个别让渡和临时让渡。需求者购买使用权后，一般要根据合同的要求，按照指定的用途使用。他只能在直接对物的使用上获得使用价值，而不能单纯为了获取物的价值，该市场的需求者仅仅以使用者的身份出现。通常的交易方式为操作性租赁、代客加工、资金拆放、商标借用、许可证贸易等。

（2）广义经营权市场

经营权是随着商品经济的高度发展而从所有权本体中派生出来的部分权利，它包括使用权、占有权、部分收益权和处分权。经营权市场也是伴随着两权分离而从所有权市场中分离出来的，它是经营权长期发展的产物，因此，广义的经营权市场应是包括使用权、占有权、部分处分权和收益权等两种或两种以上权利在内的权利市场。在经营权市场上，市场主体是权利地位不对等的供应者和需求者。行使经营权的可以是财产所有者，也可以是非所有者的财产经营者，而经营权市场供应者一般是财产的所有者。财产所有者在保留所有权和最高支配权的前提下，将经营权让渡给经营者。因此，经营权市场的内在规定性在于经济权利的有限让渡和相对让渡。经营权市场上经济权利的有限让渡体现在，所有者同经营公司的联系并未割断，而且还很密切。这不仅突出地表现在所有者通过对公司利润的享有而得以实现其所有权（即所有者行使着收益权），还表现在所有者可以通过股东大会选举自己的代言人，通过股东大会、董事会等机构对公司的经营实行监督，而公司的经理人员也必须定期向股东大会报告公司的经营管理情况，主动接受股东的监督。这说明，即使是在商品经济高度发达的资本主义生产条件下，所有权同经营权的分离也只是相对的、有限的分离，而非截然的、绝对的分离。典型的经营权市场如商铺经营权、土地承包经营权、公路经营权、旅游景区经营权和出租车经营权等市场。

三、出租车经营权市场的形成

（一）出租车经营权的含义及特征

出租车经营权，是指经政府特许，经营者取得有期限从事出租车行业经营活动的权利。从上述概念可以看出，出租车经营权至少包含以下几层含义：第一，出租车经营权是经政府特许的特许权利，是一种由政府创设并掌握的稀缺的公共资源，这种公共资源的出让和转让须由政府主管部门统筹安排和管理，不能私自转让，同时这种公共资源必须实行有偿出让和转让，这体现了公共资源谁占用谁付费的公平原则；第二，出租车经营权是有期限规定的，期限规定主要是为了便于政府对资源进行重新配置和控制，以实现优胜劣汰，从而促进行业服务质量的提高；第三，出租车经营权的取得主体应是经营者，在我国，出租车经营者主要是企业和个人。

出租车经营权作为一种特许权利，具有以下几个特征。

第一，价值属性。由于历史原因，出租车行业通常实行一定的管制，政府的管制在一定程度上限制了出租车数量的增长，也造成了出租车经营权的市场垄断，给已经进入出租车行业的经营者带来可观的垄断收益，形成"经济租金"。这是出租车经营权的价值属性所在。此外，出租车经营权是政府掌握的一种有限的城市公共资源，为保证公共资源不被滥用，减缓公共资源竞争的拥挤程度，出租车经营权通常实行有偿使用，谁占用这种公共资源就要付费，这也体现了谁占用谁付费的公平原则。出租车经营权的有偿出让和转让正显示了出租车经营权的价值性。

第二，稀缺性。在经济学文献中，"稀缺意味着可用的数量不够满足全部的需要和欲望"。① 城市公共道路是由政府投资兴建的"公共产品"，具有公共产品市场性质，若在公共产品市场再投资经营，就形成或产生了公共产品市场经营权，出租车经营权就是这样一种经营权。这种经营权若允许自由进出势必会出现"公地悲剧"等问题。因此，政府必须要对其进行管制。政府的管制使得出租车经营权作为一种公共产品市场经营权变得稀缺，成为一种稀缺的公共资源。在现实经济的运行中，这种公共资源的稀缺性主要体现在两个方面：一是经营权投放数量的有限性，即城市出租车经营权不是无限制地投放，城市出租车经营权的投放数量要以市场需求为基础，同时受城市社会经济发展水平和城市交通发展状况等多种因素约束，经营权数量投放过多或过少都会引发一系列社会问题；二是经营权期限的有限性，即出租车经营者对经营权的取得不是无限期的，而是在一定期限内享有运营出租车提供服务并获取相应收益的权利，期限届满就会丧失权利。这种对出租车经营权设置一定的权利期限的限制，再加上潜在竞争者的压力，迫使经营者努力提高经营水平和服务质量，从而促使出租车行业产生良好的竞争秩序。同时，这种出租车经营权期限的有限性有利于政府对资源的重新调整和控制。

第三，准公共产品属性。出租车经营权是一种政府创设并掌握的稀缺的公共资源，通常实行有偿使用，这体现了出租车经营权的排他性。此外，虽然出租车经营权，在一定时间和范围内可以由不特定社会成员自由、平等使用（公共性），但当资源的享有者达到一定数量时，就会出现拥挤效应，不能再有新的成员进入，否则可能导致灾难性的后果。因此，出租车经营权是一种准公共产品，在一定程度上具有排他性和竞争性。

第四，规制属性。出租车经营是一种需经政府许可的市场行为。从本质上看，出租车经营权的终极所有权属于政府，政府通过对经营权进行管制，限制经营权发放数量，从而限制出租车的数量，规制出租车行业的发展。这样做使得城市出租车行业发展能够与城市经济发展水平、城市居民消费水平相适应。同时，政府管制可以降低这一行业的边际收益递减规模。

（二）出租车经营权市场的形成原因

马克思曾经对资本主义商品经济的运行规律和趋势进行了深刻剖析，并在此基础上揭示了真正意义上的市场必须具备的四个条件：第一，交换主体必须具有充分的自主权，交换行为是自愿发生的，而不受他人强制，体现的

---

① D. S. 沃森、M. A. 霍尔曼：《价格理论及其应用》，闵庆全译，中国财政经济出版社，1983，第2页。

是交易主体的意志；第二，交换主体具有独立的经济利益和明确的财产边界，交换行为受其利益所支配；第三，货币是交换的媒介和计量工具，即交换的本质内容是商品等价交换关系；第四，交易者之间存在着竞争，包括买者之间的竞争、卖者之间的竞争，以及买卖双方之间的竞争。

由此可知，判断我国是否存在出租车经营权市场，必须明确这么几个问题：首先，是否存在大量具有独立经济利益的经济主体；其次，是否发生了出租车经营权的转移和让渡；最后，在我国出租车经营权的转移和让渡过程中市场机制是否真正发挥了作用。依此思路，本部分通过对出租车经营权进行研究来论证我国出租车经营权市场的存在性。

第一，存在大量具有独立经济利益的经济主体。就我国而言，目前，出租车市场围绕经营权问题至少存在五类利益主体：地方政府、出租车公司、出租车司机、出租车乘客和"黑车"。除地方政府外，每个省、市、县都有为数众多的出租车公司、出租车司机和"黑车"。据2021年5月由交通运输部发布的《2021年交通运输行业发展统计公报》显示，2021年年末，全国拥有出租车139.13万辆，完成城市客运量266.90亿人次。按照每辆车配备2名司机估计，2021年我国出租车驾驶员约为278万人。此外，每个城市还有一定数量的非合法营运出租车（"黑车"）。这些为数众多的具有独立经济利益的市场主体形成了市场的首要条件。

这些市场主体也是经济利益独立的行为主体。正是由于这些市场主体利益的独立性才产生了对稀缺资源的竞争。出租车市场上的竞争主要存在以下几种类型。

首先，出租车行业与"黑车"之间的竞争。出租车市场上的"黑车"因其不需交纳合法出租车所需交纳的各项费用，如出租车营运证与出租车管理费等。所以，相对于合法营运出租车来说，"黑车"就有了一定的营运优势，而在市场可供竞争资源，即营运市场空间一定的条件下，"黑车"的存在自然也就侵蚀了合法营运出租车的收入，损害了合法出租车司机的合法权益。根据交通运输部发布的《2021年交通运输行业发展统计报告》，截至2021年底我国城市巡游出租车达139.13万辆，而未经正式登记注册的出租车数目（即"黑车"）则远远超过了这个数目。大量"黑车"的存在严重占用了市场的可供竞争资源，致使合法出租车利益受损。

其次，出租车公司之间或出租车公司与个体出租车司机之间的竞争。在政府设置的利益引导下，有独立经济利益的企业（或个人）都会主动加入与政府博弈的行列。在出租车经营权数量有限、政府设置准入管制、只允许少

"互联网＋"思维下城市出租车经营权行业监管模式研究
——以市场产权理论为基础

数企业获取出租车经营牌照这种稀缺资源的情况下,企业(或个人)能否优先获得这种稀缺资源,取决于企业(或企业与个人)之间竞争的成败。企业之间围绕着这种经营资格展开各种竞争,包括价格和服务质量的竞争。

再次,出租车公司与出租车司机之间的竞争。由于没有严格的行业规范和机制约束,出租车公司在获取经营权之后,凭借经营牌照的垄断地位获取高额"份儿钱",掠夺司机的大部分运营收入,甚至将出租司机的投资款项据为己有,却不提供任何服务。在整个过程中,出租车公司和出租车司机不断地围绕着"份儿钱"展开竞争。我国各大城市频繁出现的罢运、停驶事件就是这一竞争的表现形式。

最后,地方政府与出租车公司之间的竞争。经济学已经证明,政府管制必然会产生"经济租"。在出租车行业的管制政策下,出租车经营公司凭借准入管制和数量控制特别是特许经营的权力,取得了垄断地位,出租车经营牌照成了一种稀缺资源,致使出租车经营牌照价格奇高,远远超过出租汽车本身的价格。在这种情况下,一方面,作为利益既得者,为了保有垄断利益和谋求更大的利益,出租车经营公司会通过游说、疏通政府,来使对自己有利的管制政策通过并阻止对自己不利的管制政策通过,从而形成了所谓的"寻租"活动;而另一方面,由于法规的不健全以及政府掌握着根据实际情况进行决策的权力,这又给利益集团——出租车经营公司进行"寻租"活动提供了条件。在这一过程中,地方政府与出租车公司之间不断地围绕着租金的量和获取方式进行着竞争与博弈。

第二,发生了出租车经营权的转移和让渡。我国出租车经营权的转移和让渡存在拍卖、招标、协议等多种形式。据统计,2009年12月,昆明市对新增投放的286辆出租车进行了首次公开拍卖[①];1998年10月,温州市公开拍卖300辆市区出租汽车的经营权,并以平均每个经营权68.08万元的价格全部成功拍卖;2007年2月,河南省新乡市40辆城市出租汽车经营权首次成功对个人拍卖[②]。相比于前期的行政审批制,公开拍卖制引入了市场竞争机制,透明度更高,同时最大限度地凸现了公共资源的经济价值。因此,在当时的条件下,拍卖制被许多城市所采用。除此之外,我国一些城市还存在出租车经营权私下转让市场,即出租车经营权让渡的二级市场。由于监管不力,经

---

① 马雪荣、李思娴:《昆明将首次拍卖出租车经营权》,《昆明日报》2009年12月8日,第3版。
② 殷泽:《河南新乡出租车经营权拍卖引争议》,《经济视点报》2007年3月28日,http://finance.sina.cn/sa/2007-03-28/detail-ikknscsi4330319.d.html?=cj,访问日期:2018年3月10日。

营权私下转让问题在一些城市非常严重,且价格不断提高。更有部分投机者借机炒作,致使经营权价格虚高,一些城市的出租车经营权价格竟高达百万元,严重影响了行业的稳定性。

第三,在出租车经营权转移和让渡过程中市场机制发挥了重要作用。出租车经营权出让的常用形式即拍卖制和招标制。拍卖制是一种出租车准入竞争机制,其充分利用市场机制的作用,将出租车经营权特许给最高应价者,价高者得之。拍卖制充分发挥了市场机制的作用,引入了公平竞争机制,透明度高、合理性强,同时能最大限度地显示出租车经营权的价值,为城市公共事业的发展开辟了新的资金渠道,因此被国内各大城市广泛推广应用。招标制通过出租车主管部门对各公司的服务资质和水平进行综合评比,从而择优出让出租车经营权。在招标制中,市场竞争机制得到了充分的发挥,各类潜在权利申请者可以平等地参与招标竞争,权利申请人之间在服务资质和服务水平上展开充分竞争,有效地避免了申请人受到非市场的歧视性待遇现象的发生。

(三)出租车经营权市场的特点

出租车经营权市场即出租车经营权让渡市场,是政府将出租车经营权(包括占有权、使用权、收益权和处分权)当作商品推向市场,通过招标、投标及同质企业兼并等各种竞争方式来确定或调整出租车的经营主体,让最有竞争力的企业和最有才能的经营者以最合理的市场价格(标价)来取得经营权。

相对于其他经营权市场而言,出租车经营权市场的最大的特点即出租车经营权市场是一个政府管制下的不完全自由化的市场。由于出租车市场具有一般市场的某些特点,但其又具有一定的社会公益性,因此,出租车市场实际上是一个存在政府干预的受控市场,政府采取准入限制、总量控制和价格管制等各种方式对出租车市场进行干预控制,从而达到政府管制的目的,促进出租车市场与社会发展相适应。具体来说,出租车经营权市场具有以下特点:

第一,出租车经营权市场上交易的商品是一种特殊的商品。为了使出租车发展水平与城市经济发展水平、城市居民消费水平等方面相适应、相协调,政府对出租车经营权进行管制,限制出租车数量,从而达到管制目的。因而,城市出租车经营权必须经过政府的许可,才能在市场上进行运营,是一种政府许可行为下的商品。

第二，出租车经营权市场上的供求双方不是处于平等地位的商品交易者。地方政府和出租车经营者之间不是一种平等的交易关系，二者首先是一种管理和被管理、领导和被领导、命令和服从、许可和被许可的关系，然后才是平等的交易关系。

第三，出租车经营权市场上的竞争格局既存在买方竞争，如出租车公司之间围绕着出租车牌照这种稀缺的资源从价格、服务质量等多方面展开的竞争，出租车行业和黑车之间围绕着有限的市场利润空间展开的竞争；又存在卖方竞争，由于不同级别的政府及其机构有着不同的利益目标，因此在对待出租车经营权相关政策上自然也有着不同的利益趋向，每一项政策的出台和实施都是各级政府间利益博弈和竞争的结果；还存在买卖双方竞争的格局，在出租车行业的管制政策下，出租车经营公司凭借准入管制和数量控制特别是特许经营的权力，取得了垄断地位，出租车经营牌照成了一种稀缺资源，这就诱使出租车公司为保留既得利益不断地进行"寻租"活动，并不断地与政府部门围绕租金的量和取得方式进行着竞争和博弈。

第二节 出租车经营权市场产权关系的核心内容

一、出租车经营权市场产权的提出

（一）市场产权含义的界定

关于市场产权的定义，目前国内学术界主要有三种学说，宏观层次市场产权（即"政府型"市场产权）、微观层次市场产权（即"股市型"市场产权）和中观层次市场产权（"交易型"市场产权）。本书试图在这三种学说的基础上，探讨出租车经营权市场的产权关系。

"政府型"市场产权。在国内最早提出市场产权概念的是中南财经政法大学的曾繁华教授。在《论市场所有权》一文中，曾繁华教授提出，实际上，市场本身也有一个产权界定及其制度安排问题[①]。在经济全球化及全球市场一体化的条件下，各市场产权主体不仅要解决国内市场各主体间在市场所有权、市场经营权、市场占有权及市场收益权等权利束上的契约关系，而且还要解

---

① 曾繁华：《论市场所有权》，《中国工业经济》2002年第5期，第70—78页。

第三章 城市出租车经营权行业监管的理论基础——市场产权理论

决全球市场各主体间关于市场所有权、市场经营权、市场占有权及市场收益权等权利束的"游戏规则"。因此，市场产权是一系列权利束的规则与制度安排的集合体。从产权的角度来看，市场产权是指一国中央政府对其构建、所有、运作、管理市场及从市场获益的一系列市场规则与制度安排。[①] 市场产权在组成要素上包括市场所有权、市场经营权、市场占有权及市场收益权四个权利束。[②] 狭义的"市场所有权"，首先是指一个国家对于其建立在领土主权基础上的市场本身所具有的排他性权利，市场所有权主要是解决国家与国家之间的市场产权制度安排问题及国家与企业之间的市场产权契约关系。[③]

"交易型"市场产权。曾繁华教授的博士生杨东昌，从买卖双方的交易关系角度，对市场产权也有一个较为明确的界定。在其博士论文中，他提到，就本质而言，市场是一个交易关系与交易条件的范畴，产权是一个利益关系与利益归属的范畴。从这一意义来看，市场产权意味着，在交易过程中，由于参与市场关系的建构，各方（条件提供方及交易各方，可概括为"中方""买方"与"卖方"）凭其所承担的义务而拥有的在该关系中的相应的权利。简言之，市场产权是参与市场交易关系建构的各方由其应尽的"交易成本"义务（集）生发的应得的"交易收益"权利（束）。所以，市场产权是否清晰的问题，可以转换为参与交易关系建构各方的权利与义务是否平衡的问题。[④] 以此思路，我们在考察国家经济安全问题时，可以为其研究提供一个新的理论与应用分析框架，从而避免走向常见的过度保护或过度开放两种理论与实践的误区。

"股市型"市场产权。在对上市公司的性质、功能和优势进行研究时，陈永忠发现上市公司拥有一种特殊权利，即上市公司独有的入市权利，包括入市融资和入市交易这两方面的权利。因此，他提出，可以将这种权利称为市场产权，这种权利所带来的收益，就是市场产权的经济形式。由此可见，市场产权的实质是上市公司的入市权，可以视为政府和市场（资本市场）特许上市公司进入资本市场经营资本（资本的募集和资本的交易）的特许经营

[①] 曾繁华、鲁贵宝：《基于市场产权的国家竞争优势研究：一个新的经济全球化"游戏规则"及其博弈框架》，经济科学出版社，2008，第43页。

[②] 同上。

[③] 同上。

[④] 杨东昌：《基于市场产权的国家经济安全研究：一个国家经济安全的理论分析新框架》，博士学位论文，中南财经政法大学，2009。

权。① 这种特许经营权是上市公司的无形资产，允许上市公司直接进入资本市场进行交易和融资，并能给上市公司带来经济效益。

其实，上述三种理论都从不同的视角对市场产权进行了不同的界定，均有一定的合理性，但不足之处也比较明显。

首先，"股市型"市场产权，虽然较成功地分析了上市公司的壳资源价值以及股权分置改革等问题，并提出了一些有价值的观点，尤其是认为流通股的"含权"含的就是市场产权，从而很好地论证了"大小非"解禁②的股权分置改革实际上是侵害了流通股的"含权"——市场产权，但这种市场产权仅是微观层面的一个产权概念，实质上只是市场产权理论的一个具体应用案例③，其对于市场产权的本质并没有深入把握，从而在一定程度上限制了市场产权的宏观运用。

其次，"交易型"市场产权，主要从交易主体的交易行为来界定市场产权，其对市场产权主体的分析已从政府扩展到买方、卖方和政府，并对各主体分别进行了深刻的论述，这对市场产权基本内容的拓展与丰富有一定的积极作用。可以说，"交易型"市场产权是一个中观层面的产权概念。但这种观点对市场产权主体的阐述较为笼统，使得市场产权主体在现实生活中缺乏明确的定位，从而导致市场主体在行使市场产权时出现紊乱的局面。

再次，"政府型"市场产权，是一个宏观层面的产权概念，主要从市场的成本收益原则来界定国家市场产权，实际上是一个国家市场产权的概念。这对于研究全球化问题、国家经济主权问题与国家经济安全问题具有十分重要的借鉴意义，可以说它抓住了主要矛盾和关键问题。但该理论有待进一步发展之处在于，它仅从宏观层面对市场的产权问题进行了整体性、概况性研究，而没有注意到市场是有多个层次的，且不同层次的市场都有其不同的产权关系。

（二）出租车经营权市场产权的提出

在分析提炼和评价总结上述三种学说的基础上，本书试图提出"出租车经营权市场产权"的研究范式，以期规范出租车经营权让渡交易运作过程中的各种行为，明确各经济主体之间的权责利关系。本书认为，出租车经营权

---

① 陈永忠：《市场产权与股权分置改革》，《西南金融》2006年第2期，第47-48页。
② "大小非"解禁，意指大规模的限售流通股（占总股本5%以上）和小规模的禁止上市流通股（占总股本5%以下）的解禁。
③ 杨东昌：《市场产权的内涵、结构与特征新探》，《人民论坛》2014年第32期，第67-69页。

市场也存在产权界定问题。在出租车经营权市场上，市场权利主体要解决的重要问题就是各个经济主体之间关于出租车经营权的占有、使用、收益和处分等权利规则与制度安排。由此可以得出：出租车经营权市场产权即在出租车经营权让渡交易运作过程中，各经济主体凭借其承担的义务而在该关系中拥有的相应权利，也是各经济主体之间关于出租车经营权的占有、使用、收益和处分等的权利规则与制度安排。其目的主要是解决地方政府与出租车公司、出租车公司与出租车司机及出租车公司之间在出租车经营权让渡交易运作过程中的产权制度安排问题和产权契约关系。所以，出租车经营权市场产权关系是否清晰、产权边界界定是否明晰的问题，可以转换为在出租车经营权让渡交易运作过程中各经济主体之间的权利义务关系是否平衡的问题。基于此思路，我们认为，出租车市场上出现的各种问题，其实质是出租车经营权市场产权制度安排问题，是在出租车经营权让渡交易运作过程中各经济主体之间的权责利关系模糊问题。我们要从根本上解决出租车市场上的问题，关键是要理顺出租车经营权市场的产权关系，明确界定经营权市场产权的边界，明晰各市场主体之间在出租车经营权让渡交易运作过程中的权责利关系，只有这样才能有效提高政府对出租车经营权的管制绩效。

二、出租车经营权市场产权关系分析

出租车经营权市场产权关系主要涉及政府、出租车公司、出租车司机和"黑车"这四者之间的产权关系。其中，出租车公司和出租车司机可以作为同一个层次——出租车行业整体，与其他二者发生关系。

（一）出租车行业与政府之间的产权关系分析

出租车行业与政府之间产权关系的核心体现在经营权的出让方式上。目前，我国城市出租车经营权的出让方式主要有四种。

1. 行政审批制

依照国家和地方的相关法规，各地出租车行政管理机构设定一定的资质条件，通过行政审批的方式将出租车经营权无偿划拨给出租车公司。一般情况下，通过行政审批获得出租车经营权的出租车公司可以永久使用经营权，不受使用年限的限制，如北京、上海等城市。行政审批制在中国出租车行业发展初期实行得较为普遍，并对促进中国出租车行业的迅速壮大发挥了重要作用。初期行政审批制的准入条件很低，无论企业还是个体，只要具备车辆和驾驶员这两个条件就可以申请从事出租车营运。随着出租车数量的增加，各地政府提高了个体出租车的准入限制。在这种方式下，经营权市场的产权关系模糊。城市公共道路是由政府投资（虽然其源于纳税人的税收）兴建的"公共产品"（具有公共产品市场性质），具有"公共产权"（其产权主体归属政府）的性质，通行"谁投资谁所有、谁投资谁受益、以最少投资取得最佳效益"的原则，政府作为城市道路的投资者和所有者，理应获得相应的收益。但这种方式忽视了政府作为城市道路这种公共资源的代表者所应当享有的对出租车经营的一定权利，从而导致政府（国家）与出租车公司之间的权利义务关系模糊。因此，行政审批制作为计划经济的一种产物，本身存在严重的制度缺陷，各城市纷纷淘汰了这种经营权出让方式，积极探索更加有效的出让方式。自1988年深圳市首先实行出租车经营权有偿使用以来，许多城市开始实行有偿使用制度。

2. 定额收费制

定额收费制是综合审批制度和无偿使用制度而形成的一种出租车经营权出让制度。定额收费制即定额收取经营权使用费，是政府部门通过政策性定价确定权利申请人应当支付的价格，权利申请人通过支付使用费或者出让金的方式获得出租车经营权。相对于审批制和无偿使用制度，定额收费制倡导有偿使用出租车经营权。并且，这种方式也注意到了经营权的财产权属性，明确了政府部门作为公共资源的所有者代表应当享有一定的权利，在一定程度上促进了公共资源有效实现其财产价值。[①] 相比于前一种方式，定额收费制下的经营权市场的权利、义务关系较明确。但是，与同为有偿取得方式的招投标、拍卖形式相比，定额收费制的内在制度缺陷显而易见。定额收费制即权利申请人通过支付政府部门的政策性定价来获得经营权，这种运作程序具有一定的随意性，难以保证市场竞争的公开性，因而也就无法体现主体间的优劣。从政策导向上来看，定额收取经营权使用费并不为国家所积极倡导。2003年9月28日，国务院下发的《国务院关于贯彻实施〈中华人民共和国行政许可法〉的通知》也明确要求"能够招标、拍卖的，都要进行招标、拍卖"。因此，从政策走向上来看，定额收取经营权使用费将会逐步被招标、拍卖等形式替代。[②] 正因如此，定额收费制度仅存于理论上，在实践中未能被地方城市政府所采用。

3. 公开拍卖制

中国最先引入的一种出租车准入竞争机制是出租车经营权公开拍卖制。

[①] 黄凤鸣：《出租车行业特许经营权研究》，硕士学位论文，中国政法大学，2007。

[②] 李晓峰：《出租车客运市场准入模式的选择》，《综合运输》2005年第3期，第31-34页。

公开拍卖制通过公开竞价的方式,将出租车经营权特许给最高应价者。在具体操作上,不同地方、不同时期有所区别。在竞价上,各地开始实行不限价拍卖,后来为抑制过度投机又实行最高限价拍卖;在拍卖形式上,各地开始实行单车拍卖,后来有些地方为限制个人参拍又改为成组拍卖;在经营权使用期限上,各地也不一样,有很长的,如温州为永久的,深圳、珠海为50年[①],也有很短的,如武汉为8年,厦门为6年。拍卖制首次引进了公平竞争机制,其透明度高、合理性强,消除了无偿行政审批制的制度性弊端。在这种方式下,政府与出租车公司的权利、义务关系明确,政府作为公共资源的代表者拥有了其应该享有的权利。同时,这种方式能够最大限度地显示出租车经营权的价值,从而为城市公用事业的发展开辟了新的资金渠道,在当时的条件下具有一定的先进性,因此其被国内大中城市广泛推广。但拍卖方式也存在自身的缺陷。如,拍卖方式容易导致盲目竞争,致使经营权价格虚高,违背了出租车的公益性原则。同时,拍卖方式强化了经营权的产权特性,弱化了经营权的服务特性,使得出租车服务质量难以从根本上得到提高。

4. 公开招标制

招标一般可以定义为:国家主管部门向社会公布要发放一定数量的许可证,有兴趣者向主管部门提交符合格式和内容要求的申请书,主管部门组织评审委员会,根据一定的程序对评审书中所列举的申请者条件按照一定的标准进行综合评比,最后将许可证发放给条件最好的申请者。[②] 根据招标人交易目的的不同,我们可以将招标分为"标买"和"标卖"两种情况。前者是通过招标买入商品或劳务,后者是通过招标出卖商品或劳务,由买方作为投标人投标竞买,卖方从中选出最符合自己要求的投标人中标。

出租车经营权公开招标制是一种典型的"标卖",即出租车管理部门通过确定综合考评体系,对公司的服务资质和水平进行综合测评,择优、有偿和有期限地出让出租车经营权。根据投标人是否有自由选择标价的权利又可将出租车公开招标分为固定标价"标卖"与非固定标价"标卖"。如果仅对申请者的服务质量和经营能力等条件进行打分,而对所有申请人制定统一的标价则为固定标价"标卖"。如果不仅要求对申请者的服务质量和经营能力等条件进行打分,而且将申请者为获得许可证所支付的费用作为考核的一个方面进

---

① 季奇武:《出租汽车经营管理体制的温州模式》,《综合运输》2004年第11期,第21-23页。
② 国家发改委固定资产投资司和中国机电设备招标中心:《招投标实务》(第二册),中国经济出版社,2004,第1页。

行打分,那么这种"标卖"方式即为非固定标价"标卖"。大多数拟新投放运力的城市正在尝试采用此种办法。2004年4月,苏州市区新增客运出租汽车准入即采取了固定标价"标卖"方式。这种方式能够实现权利申请人之间的充分竞争,让各类潜在权利申请者平等地参与竞争,避免申请人受到歧视性待遇,从而达到效益和节约的兼顾、统一、平衡。同时,这对政府部门及其工作人员来说也是制约"权力寻租"现象发生的一种很好的方式。

(二)出租车公司与出租车司机之间的产权关系分析

出租车公司与出租车司机之间的产权关系集中体现在出租车经营模式上。具体来说,目前我国采用的出租车经营模式主要有以下四种:

1. 完全公司化经营模式

完全公司化经营模式又叫公车公营模式,是指出租车公司按照现代企业制度的要求出资购买运营出租车并获得运营许可证,公司作为实际运营者,通过雇佣司机来提供运输服务。在这种经营模式中,车辆产权、经营权(包括经营权的占有、使用、处置和收益权等权利)、管理权都归公司所有,司机是公司的员工,与公司签订正规、合法的劳动合同,具有劳动合同关系,公司按月发放固定工资及奖励。在这种模式里,出租车司机与出租车公司之间签订的是劳动用工合同,二者之间属于纯粹的雇佣关系。出租车司机是出租车公司的真正员工,按时上下班,遵守公司的有关管理制度,为广大乘客提供优质服务,按照公司的各项考核指标完成任务定额、领取劳动报酬。出租车公司负责购买营运中所需的车辆及办理营运所需的相关事项,营运过程中的一切问题,包括车辆的维修、保养、加油、交通事故处理、投诉处理、收车检车等都由公司统一办理。显然,在这种模式下,出租车司机与出租车公司之间的产权关系清晰,权责利关系明确,并且公司与司机之间的利益也是一致的。目前,在中国最具典型意义的公车公营模式是上海出租车经营模式。在上海,出租车司机是一种职业,公司买车经营,驾驶员受公司聘用,拿聘用工资,由公司办理"三金",并支付主管部门的收费。公司与司机只签订劳动合同,二者之间是一种纯粹的雇佣关系,实行的是上班制,司机按时上下班,取得固定的底薪并按营业收入取得提成。

2. 承包经营模式

承包经营模式是出租车经营权市场中最为普遍的一种经营模式,即由出租车公司出资购买车辆、办理各种营运手续,车辆的产权和经营权均由公司所有,或者车辆由司机个人购买,车辆产权属司机个人所有,但经营权仍属于出租车公司。承租人通过承包租赁的方式开展独立自主经营，并向出租车公司交纳一定的承包费、经营权使用费等费用（即通常所说的"份儿钱"）。在这种经营模式下，出租车公司与司机之间既是劳动雇佣关系还是一种承包合同关系，司机要定期向公司交纳承包费和其他费用（"份儿钱"）。公司和司机之间的产权关系模糊，车辆的产权和经营权属于公司，而实际的投资者却是出租车司机，致使双方都认为自己是投资方，从而激化了双方的矛盾。同时，这种模式在实际运营中双方又相互制约，司机依赖于公司的经营权才能实现营运，而公司则依赖于司机的驾驶技能，从而影响市场运营效率和服务质量。北京市是承包经营模式的典型代表。

3. 买断挂靠经营模式

在我国出租车行业发展的初期，买断挂靠经营模式在许多城市都曾出现过，现今的一些小城市仍然实行这种经营模式。挂靠经营模式即出租车车辆由司机个人购买，车辆产权和经营权归司机个人所有，但司机个人不拥有营运许可证所有权，营运许可证所有权属于公司。因此，司机必须挂靠某一公司，使用公司的营运许可证以公司的名义才能从事营运，并且要定期向挂靠公司交纳一定的服务费。而出租车公司主要为车主提供代缴各种税费、组织相关培训、协助开展车辆年检等服务。在经营期内，司机拥有车辆的产权，一切经营费用都由司机自己打理，并按月向公司和国家上交管理费和各项税收。在这种模式下，司机与公司形成了挂靠关系，司机独自承担购车款、营运证使用费及税费等费用，自主经营，自负盈亏；被挂靠的出租车公司基于其为出租车车主提供的相关服务，每月向司机收取固定的管理服务费。相比于其他经营模式，在此种经营模式下，出租车公司每月只能收取固定的服务费用，因此公司的积极性不高。为了达到利益最大化，同时为了转嫁经营风险和政策风险，20世纪90年代中期以后，一些中小城市的出租车公司又逐步推行买断模式，即由公司出资购买车辆，然后再将车辆（一般要加价）转卖给司机（或司机全额投资购车），司机再拿公司的许可证运营，公司从中牟取利润。在买断挂靠模式下，车辆产权和运营许可证所有权实现了分离，车辆产权属于司机，而运营许可证所有权则属于挂靠公司。司机挂靠于公司，以公司名义从事营运，并按月交纳一定的管理费用；而公司只负责提供代缴税费等服务，营运过程中发生的其他费用及工作一律由司机个人负责。在这种模式下，司机与公司之间的关系只是一种较为松散的管理挂靠关系，因而相对于前两种模式而言，这种模式下，司机与公司之间的矛盾也相对较为缓和。但在现实运营中，出租车公司常常凭借其掌握的运营许可证所有权和对车辆的登记权利，将本该属于司机的车辆所有权据为己有，因而出租车公司与出租车司机之间在车辆产权主体方面也存在一定的模糊性，出现"谁出资，谁所有"和"谁登记，谁所有"的矛盾，二者之间的权利与义务关系并不对等。

4. 个体经营模式

个体经营模式即由司机个人自行购买车辆，自己直接到政府工商管理部门申办营运许可证、个体营业执照、税务登记等相关手续，然后进入市场从事营运。在这种模式下，出租车的车辆产权、客运经营权、营运许可证所有权均归个人所有，司机或车主是完全意义上的市场主体，以个体为单位开展运营，承担全部的市场风险，依法纳税并自负盈亏，而管理部门直接面对众多的经营个体。在个体经营模式下，经营权、车辆产权、运营权实现了统一，产权清晰，权责明确，并且这种模式与出租车单兵作战、灵活多变的运作特点相适应，保护了司机的合法权益，并为出租车行业带来了效率。在我国，最具代表性的个体经营模式即"温州模式"。1998年以来，温州市的出租车总量一直控制在3 300多辆，其中，3 287辆归个人所有，出租车经营权个人所有的比例高达98.8%[1]且长期有效，并可以继承、转让。

（三）出租车行业与"黑车"之间的产权关系分析

所谓"黑车"，是指那些未经政府部门批准，没有取得出租车运营许可证，擅自实施有偿经营出租车业务的客运车辆。据统计，截至2017年，我国正式登记在册的出租车数量超过130万辆，而未经正式登记注册的出租车数目（即"黑车"）要远远超过这个数字。"黑车"的大量存在，一方面是由于相对于合法出租车而言，"黑车"具有价格、数量和服务优势，从而填补了合法出租车的供给缺口。一般来说，"黑车"在城市居民上下班高峰时期、城市边远地带都能为乘客提供服务，相当大一部分的"黑车"还提供定时接送的包车服务。并且，相对于合法出租车而言，"黑车"的价格一般较低。因此，"黑车"以其价格和服务优势填补了合法出租车的供给缺口，满足了部分消费者的特殊需求，这也成为"黑车"大量滋生的土壤。另一方面，低成本高利润的诱惑也是"黑车"大量存在的原因之一。从准入条件上看，"黑车"的准入条件低，可以认为基本上没有"准入门槛"：只要有一名司机、一辆有牌照的小轿车，就可以开业了。同时，"黑车"不必向公司交纳"份儿钱"。此外，

---

[1] 金立鹏：《出租车经营权层层转包，司机利润被压榨》，《南都周刊》，2009年8月11日，https://news.sina.com.cn/c/sd/2009-08-11/111618410724_2.shtml? from＝wap，访问日期：2018年3月10日。

因为"黑车"没有取得营运许可证,处于政府监管之外,所以经营"黑车"的技术要求也低。基于以上原因,许多无业的本地人和刚进入城市的外地人员会选择这个行当,甚至一些出租车司机也"弃明投暗"转而经营"黑车"。

很显然,"黑车"的价格较低、经营成本较低、服务便利,因此相对于合法营运出租车来说其就有了一定的营运优势,尤其是在营运市场利润空间一定的条件下,"黑车"的出现自然也就侵蚀了合法营运出租车的收入,损害了合法出租车司机的权益,侵占了本该合法出租车享有的市场权益,致使出租车经营权市场权责利关系模糊,市场利益分配扭曲。

三、出租车经营权市场产权界定的成本分析

众所周知,产权的界定和实施是需要成本的,出租车经营权市场产权的明确界定和有效实施同样需要考虑成本问题。我们认为,分析出租车经营权市场产权关系界定和实施过程中的成本问题对于维护出租车市场的稳定、促进出租车行业的健康发展有着极为重要的意义。

(一)博弈论及其分析

博弈论译自英文"Game Theory",有时也称对策论,是研究决策主体的行为发生直接相互作用时的决策以及这种决策的均衡问题的理论。[①]

博弈论的思想最早可以追溯到19世纪中叶甚至更早。但现代博弈论真正始于20世纪上半叶。1944年,美国普林斯顿大学数学系教授冯·诺依曼(Von Neumann)和经济学家奥斯卡·摩根斯顿(Oskar Morgenstern)合著出版了《博弈论与经济行为》一书,提出了标准型、扩展型和合作型博弈模型解的概念和分析方法,从而奠定了现代博弈论的理论基础。美国数学家、经济学家纳什(John F. Nash)在1950年和1951年分别发表了两篇关于非合作博弈的重要文章,提出了"纳什均衡"概念,从而奠定了现代非合作博弈论的基石,开启了非合作博弈的研究时代。现代博弈论后经泽尔腾(Reinhard Selten)、海萨尼(John C. Harsanyi)、维克里(William Vickrey)和莫里斯(James Mirrlees)等人的修改和完善,形成了更科学、更完善的理论体系,并在经济研究中得到了广泛的应用。在我国,最早将经济博弈论引入国内的是经济学家张守一、张维迎等,随后博弈论逐渐渗透到我国社会政治、经济生活的各个方面,并有效地解决了人们之间的各种冲突和矛盾。

[①] 张维迎:《博弈论与信息经济学》,上海人民出版社,1996,第3页。

"互联网+"思维下城市出租车经营权行业监管模式研究
——以市场产权理论为基础

博弈论作为一种专门决策制衡理论，其主要研究在一定规则下，决策主体的相互决策行为及决策后的均衡问题。博弈论认为，一个决策主体所做出的任何决策，都会影响其他决策主体的决策及其所得结果。反过来，这个决策主体的决策及其所得结果，也会受到其他决策主体决策的影响，即各决策主体博弈的最终结果，都要受到各自决策的影响。[①]

一个完整的博弈至少应包含以下几个构成要素：第一，决策主体，也叫参与者或局中人，指在博弈中具有独立决策权且独自承担决策结果的个人或组织。在博弈论中，决策主体通常被假定为理性的，即决策主体总是企图通过选择行动（或战略）来最大化自己的支付（效用）水平。第二，策略集，或叫博弈空间，是指在博弈中，决策主体在一定的规则与信息下，可以选择的所有策略组合，如果这个策略组合是有限的则称这个博弈为"有限博弈"，反之则称为"无限博弈"。第三，行动，是指根据策略方案，决策主体采取的具体步骤与措施，不同的行动顺序会产生不同的博弈结果。一般而言，决策主体的行动空间和行动顺序是所有其他决策主体的共同知识。第四，信息，是指决策主体在博弈中掌握的用以做出决策的知识，包括已有的知识和博弈中正在生成的相关知识，如其他决策主体的现有条件、处境，以及可能做出的决策等的初步判断。第五，支付，又称得益，是指在一定的策略下，决策主体采取的相关行动所获得的最终博弈结果。支付是决策主体博弈的主要目的，也是各个决策主体策略行动相互作用的结果。第六，均衡，在经济学中，均衡是一种动态平衡，是博弈中的所有局中人都不想改变自己的策略的一种状态。[②]

根据不同的条件，博弈有各种不同的类型。通常情况下，博弈可以划分为合作博弈和非合作博弈。合作博弈，是指各决策主体在进行博弈的过程中，都必须遵守某项具有约束力的协议；而非合作博弈则是各方在博弈的过程中，除一般的博弈规则外，不存在任何具有约束力的协议或约定。合作博弈和非合作博弈二者之间的主要区别就在于决策主体在进行博弈时是否存在某项对各方均具有约束力的协议，如果存在，就是合作博弈，反之就是非合作博弈。在现实生活中，非合作博弈在日常生活中经常遇见，是常态，而合作博弈相对却较为少见。正如米勒所言："在博弈论的世界里没有仁慈或怜悯，只有自

[①] 张维迎：《博弈论与信息经济学》，转引自道靖《我国高校教学评估有关问题的博弈论分析》，硕士学位论文，苏州大学，2008，第6页。

[②] 刘耀霞：《出租车行业利益主体关系研究》，硕士学位论文，西南交通大学，2008，第32页。

利。大多数的人只关心自己,而这也是人之常情。"[1] 因此,非合作博弈成为学者研究的重点。

同时,按照决策主体对其他决策主体的特征、策略空间、支付函数等知识的了解程度,博弈可分为完全信息博弈和不完全信息博弈。完全信息博弈是指在博弈的过程中,每一位局中人对其他局中人的特征、策略空间及收益函数有准确的信息。否则,就是不完全信息博弈。[2]

按照行为的时间顺序,博弈又可分为静态博弈与动态博弈两类。静态博弈是指在博弈中,一旦每个局中人的策略选定,整个博弈的结局也就决定了,每个局中人不可能再对博弈的过程施加影响。其中,一次性博弈就属于静态博弈。动态博弈是指在博弈中,局中人的行动有先后顺序,且反复进行的博弈。重复博弈属于动态博弈的一种特殊情况。在一次性的静态博弈中,任何欺骗和违约行为都不会遭到报复。在重复博弈中,对于欺骗和违约行为,其他局中人就会有机会给予报复。特别是在无限重复博弈中,任何不合理的行为都会有其他局中人的后续报复。[3]

在现代博弈论中,人们常常根据博弈参与者对信息的掌握程度、参与者行动的先后次序和博弈的次数等,把非合作博弈分成四种类型(见表3-1)。

表 3-1 博弈的类别及其相对应的均衡名称

类别	静态	动态
完全信息	完全信息静态博弈/纳什均衡。代表人物:纳什(1950,1951)	完全信息动态博弈/子博弈精炼纳什均衡。代表人物:泽尔腾(1965)
不完全信息	不完全信息静态博弈/贝叶斯纳什均衡。代表人物:海萨尼(1976)	不完全信息动态博弈/精炼贝叶斯纳什均衡。代表人物:泽尔腾(1975)、威尔森(1982)

(二)市场产权界定的成本分析

关于市场产权界定成本的分析,目前国内学术界主要有两种观点,一种观点认为市场产权成本主要由市场构建成本、运行成本和监管成本三方面内容组成;另一种观点认为市场产权成本除了构建成本、运行成本和监管成本

---

[1] 米勒:《活学活用博弈论》,李绍荣译,中国财政经济出版社,2006,第1页。
[2] 张维迎:《博弈论与信息经济学》,上海人民出版社,1996,第25-31页。
[3] 高鸿业:《西方经济学》,中国人民大学出版社,2003,第243-248页。

等具体成本之外，还应包括市场产权的抽象成本，即排他性成本和内部治理成本。前一种观点主要强调了市场产权界定的具体成本或外显成本，我们将其称为具体成本论；后一种观点强调了市场产权界定的抽象成本，我们将其称为抽象成本论。

1. 具体成本论

市场产权成本概念最早由曾繁华教授在《市场产权成本及其经济学意义》一文中提出。他认为，现代市场无论是从哪种本质规定性来理解，特别是作为经济活动组织和资源配置场所意义上来看，从政府的角度来讲，都是由一个国家政府花费大量资本兴建或构造起来的[①]，因此现代市场存在产权成本问题。曾繁华教授从市场运行角度将市场产权成本分为市场构建成本、市场运行成本和市场监管成本三个部分。政府每年需要投入大量的人力、物力进行机场、道路、港口、码头、邮政、通信等基础设施的构建和维护。同时，为了维护各种市场体系的有序、高效运行，政府需要制定一系列的市场制度和市场规则。任何一项制度、规则的制定都要经过极其复杂的程序，需要耗费大量的人力、物力。同时，市场的有序、高效运行还需要工商、税务、城管、公检法及新闻舆论等部门的监督、执法、纠偏等，所有这些都构成了政府的市场产权成本。

2. 抽象成本论

曾繁华教授的博士生龙苗，从产权理论的角度来讨论市场产权界定和实施的成本，认为从产权理论角度来看，产权成本其实只包含两类成本，即排他性成本和内部治理成本，并将其称之为抽象成本。因此，市场产权成本除了包括曾繁华教授提到的具体成本之外，更重要的还应包括抽象成本。实质上，曾繁华教授提到的市场产权的具体成本是这两类抽象成本的外在表现，即无论市场产权的成本表现为构建成本、实施成本还是监管成本，或者有形成本、制度成本还是人力成本这些成本集合，它们都从属于产权的排他性成本和内部治理成本这个成本集合，其中排他性成本又包括产权的界定成本和实施成本。[②] 由于产权界定需要在物理与价值形态上给出产权的边界，因此产权的界定必定发生成本。市场产权界定成本主要体现为市场产权的构建成本，主要包括政府每年对诸如机场、港口、码头、公路、铁路、交通运输、邮政、

[①] 曾繁华、李信：《市场产权成本及其经济学意义》，《财政研究》2006年第12期，第14-15页。
[②] 龙苗：《论国内政府间的市场产权关系》，博士学位论文，中南财经政法大学，2009，第74-78页。

通信等基础设施及电力等基础工业进行大量投资（包括人、财、物）所形成的市场建设的有形成本，以及政府为构建和维护全国统一、公平、公正、高效率的竞争性市场体系，而制定的一系列市场产权制度、市场运行秩序规则等制度成本。[①] 市场产权的实施成本主要指政府对基础设施及有关基础工业如电力的运行及维护的成本和为维护市场运行所投入的大量的人力成本。此外，由于外部性问题的存在，政府或者说不同利益集团通过规则的改变来影响资产的支配权或者资产的收入流已越来越普遍，而且政府作为市场制度的一个方面，也存在着自身利益，于是内部治理问题就产生了，形成了市场产权的内部治理成本，其在现实生活中主要表现为市场产权运行的监管成本。

两种理论从不同角度对市场产权成本进行了分析，均有一定的合理性，但不足之处也较明显。具体成本论侧重于对市场产权的具体有形成本进行分析，认为市场产权成本由市场构建成本、运行成本和监管成本构成，这些成本都是具体的、可以计量的。但具体成本论没有从抽象层面去把握市场产权成本。实际上，从产权理论角度来看，产权成本其实只包含两类成本，即排他性成本和内部治理成本，无论市场产权的构建成本、实施成本还是监管成本，或者有形成本、制度成本还是人力成本这些成本集合，它们都从属于产权的排他性成本和内部治理成本这个成本集合，具体成本只是抽象成本的外在表现。抽象成本论正好弥补了具体成本论的这一缺陷。很显然，两种成本理论对市场产权理论和产权成本理论内容的丰富和拓展起到了极其重要的作用，但不管是具体成本论还是抽象成本论都忽视了市场利益主体之间的博弈成本。实际上，由于市场主体之间利益关系的不一致，市场主体之间的博弈也经常发生。市场主体之间的博弈同样需要耗费大量的成本，这些成本构成了博弈成本。

（三）出租车经营权市场产权界定的成本分析

显然，出租车经营权市场产权界定的成本存在市场构建成本、运行成本和监管成本等具体成本。从产权角度来看，出租车经营权市场产权界定的成本又可以归纳为产权的排他性成本和内部治理成本等抽象成本。但与此同时，出租车经营权市场产权界定的成本还应包括经营权市场利益主体之间的博弈成本。出租车经营权市场存在多种利益主体，这些利益主体为谋求自身利益的最大化，通过各种方式影响着博弈的最终结果，使博弈的最终均衡偏向对

[①] 曾繁华、彭光映：《论市场产权及其成本构成要素》，《中南财经政法大学学报》2007年第1期，第10-15＋142页。

自身有利的一方。这时,利益主体之间为谋求对自身有利的博弈均衡所耗费的成本就构成了博弈成本。具体来说,出租车经营权市场利益主体之间存在着以下几个方面的博弈。

1. 地方政府与出租车公司或个体出租车经营者之间的博弈

经济学已经证明,政府管制必然导致"寻租"行为的产生。在出租车行业的管制政策下,出租车经营牌照成了一种稀缺资源,经营牌照价格奇高,远远超过出租汽车本身的价格。在这种情况下,作为利益既得者,为了保有垄断利益和谋求更大的利益,出租车经营公司或个体经营者会采取各种方式,耗费大量人力、物力,通过游说、疏通政府,以使对自己有利的管制政策通过并阻止对自己不利的管制政策通过;同时,法规的不健全以及政府掌握着根据实际情况进行决策的权力,这给出租车经营公司进行"寻租"活动提供了条件,以至于"寻租"现象愈演愈烈。在这一博弈过程中,不仅出租车公司和个体出租车经营者耗费了大量的人力、财力,而且对整个社会来说也会导致社会资源配置不当和社会财富分配不公,从而使得整个社会福利受到损失。

2. 出租车公司或个体出租车经营者之间的博弈

在政府管制下,出租车行业利润可观,具有独立经济利益的企业都会参与"寻租"。因此,在市场经济条件下,参与"寻租"的企业或个人往往不止一家。但出租车的准入数量有限、政府的租金总量有限,在这种情况下,企业能否获得优先进入权,取决于企业之间竞争的成败。在这种情况下,出租车公司为取得优先进入权,不惜耗费大量人力、物力展开竞争,致使各方博弈成本加大。这也是我国部分城市出租车经营权价格虚高的原因之一。据资料显示,1998 年 10 月,温州市政府公开拍卖 300 辆市区出租车经营权,以平均每个经营权 68.08 万元的价格全部成功拍卖。此后,温州市出租车经营权的市场交易价就上升至 70 多万元。[①] 2007 年,温州市出租车经营权价格曾飙升到 142 万元的天价。[②]

3. 出租车公司与出租车司机之间的博弈

在出租车行业的利益链条上,出租车公司与出租车司机分属两个不同的

---

① 季奇武:《出租汽车经营管理体制的温州模式》,《综合运输》2004 年第 11 期,第 21-23 页。
② 徐杰:《温州出租车经营权价格大跳水 一年下跌近五成》,《每日经济新闻》,2011 年 5 月 27 日,http://finance.sina.com.cn/roll/20110527/02079905644.shtml,访问日期:2018 年 3 月 22 日。

利益团体，出租车公司的最高目标是尽可能地获取高额的行业利润。在出租车行业利润空间一定的条件下，出租车公司为获取高额的利润，必然会压低出租车司机的收入，提高"份儿钱"。而出租车司机在整个链条中处于弱势地位。在整个过程中，出租车公司和出租车司机进行着罗宾斯泰英博弈（Rubinstein，1982）[1]，由于双方力量地位的不平等，博弈的最后结果往往是出租车公司的博弈收益不断提高，司机的博弈收益不断下降，司机只有通过延长工作时间来弥补收益。但受"囚徒困境"的影响，每个司机的工作时间延长必然导致空载率提高，而总收益保持不变，最终导致出租车市场的净收益下降。据了解，目前，由于我国尚没有严格的行业规范和机制约束，出租车公司获得经营权后，为攫取高额利润几乎不择手段。例如：通过依靠出租车经营牌照垄断获取高额"份儿钱"，掠夺司机的大部分运营收入；利用掌控的"指标"在市场上转卖或高额炒卖，获取巨额利润；将出租车司机的投资款据为己有；等等。

4. 出租车司机与乘客之间的博弈

在我国出租车市场上，合法出租车司机和"黑车"司机共同作为运输服务的提供者，组成了出租车市场的供给方，而乘客则作为消费者形成了出租车市场的需求方。在整个运输过程中，作为需求方的乘客和作为供给方的出租车司机进行着不完全信息静态博弈。主要表现在以下三个方面：第一，乘客和司机对服务路径信息的不对称。一般而言，出租车司机因长期在本地区从事运营，对本地区的交通路线十分熟悉，而乘客之所以搭乘出租车大部分是因为对本地区的交通路线不熟悉，为了方便、快捷。因此，二者之间就可能在服务路径信息上存在着严重的不对称。司机具有完全的信息，而乘客则处于信息劣势。这也是我们现实生活中频频出现司机绕路载客事件的原因之一。第二，乘客和司机对出租车车况和司机状况信息的不对称。通常情况下，乘客选择出租车的方式是扬召式，招手即停，车辆的选择具有随机性，乘客对出租车的安全状况、司机的技术状况等非常不了解，而这些与出租车的服务质量密切相关。相反，司机在这方面处于信息优势。第三，乘客与出租车司机之间进行着非重复博弈。由于出租车独特的服务方式，乘客选择出租车的方式具有随机性，同一位乘客乘坐同一辆出租车的概率几乎为零，二者之

---

[1] 罗宾斯泰英蛋糕博弈指博弈方1和2在各自的贴现率下，分割一块蛋糕，轮流出价、讨价直到达成一致。

间的博弈可以认为是一种非重复博弈，即静态博弈。在整个过程中，乘客和司机始终处于不完全信息静态博弈状态下，二者之间围绕着各自的利益进行着博弈，作为委托人的乘客总是期望作为代理人的司机能选择最短的路径快速地将其送至目的地，而作为代理人的司机则希望通过选择最佳的服务路径而从乘客那里获取最多的代理报酬——租费。由于不完全信息的存在，博弈的最终结果是，司机在利益的驱动下，有机会主义倾向，可能产生道德风险。[①]

（四）出租车经营权市场多重博弈模型的构建

为了更清晰地把握出租车经营权市场各市场主体之间的关系及对市场运行机制的作用，本书将通过构建多重博弈模型来进行分析。在出租车经营权市场上，消费者对经营权运行机制的影响较小，因此这里仅探讨地方政府与出租车经营者之间、出租车经营者之间及出租车公司与司机之间三种博弈模型。

1. 地方政府与出租车经营者之间的博弈模型

地方政府与出租车经营者是出租车经营权市场上两个重要的参与者。地方政府和出租车经营者都以经济人的利益最大化为博弈诉求，出租车经营者追求经营利润最大化，而地方政府则追求经营权管制效率最大化，即出租车服务更高效，市场运行更有序。出租车经营者的策略为合法营运和非法营运。地方政府的策略为经营权管制和经营权放开。假设出租车经营者的营运收益为 R，合法营运成本为 C_c，非法营运成本为 C_l，显然，$C_c > C_l$（相对于合法出租车而言，"黑车"不需交纳合法出租车所需交纳的各项费用）。在政府选择管制的条件下，出租车经营者合法营运的净收益为 $R - C_c$，政府管制成本为 C_r；如果出租车经营者进行非法营运而受到处罚，则其净收益为 $R - C_l - F$，F 为政府对非法出租车的处罚，政府管制收益为 $F - C_r$。在地方政府对出租车经营权市场采取放开管制的情况下，出租车经营者合法营运获得的净收益为 $R - C_c$，政府由于没有采取管制措施，管制成本为 0。这时，如果出租车经营者进行非法营运，其净收益为 $R - C_l$，但地方政府未能履行管制义务而导致出租车经营权市场秩序混乱，从而引发上级部门、乘客和相关媒体的批评而造成损失 S。地方政府和出租车经营者之间也存在信息的不对称，假定地方政府对经营权管制的概率为 α，则经营权放开的概率为 $1-\alpha$。假定出租

---

① 汪丁丁：《出租车寻价与逆向选择》，《IT经理世界》2004年第14期，第104页。

车经营者选择正当参与市场竞争获得经营权的概率为 β，则通过"寻租"方式获得经营权的概率为 $1-\beta$。于是，地方政府与出租车经营者之间的博弈矩阵如表 3-2 所示。

表 3-2 地方政府与出租车经营者之间的博弈矩阵

		出租车经营者	
		合法营运（β）	非法营运（$1-\beta$）
地方政府	经营权管制（α）	$-C_r$，$R-C_c$	$F-C_r$，$R-C_t-F$
	经营权放开（$1-\alpha$）	0，$R-C_c$	$-S$，$R-C_t$

从表 3-2 我们可以得到地方政府的期望支付为：

$E_g = \alpha[\beta(-C_r)+(1-\beta)(F-C_r)]+(1-\alpha)[\beta \cdot 0+(1-\beta)(-S)]$

给定 β。地方政府选择经营权管制为（$\alpha=1$）的期望收益为：

$E_{g1} = -\beta C_r + (1-\beta)(F-C_r)$

地方政府选择经营权放开的（$\alpha=0$）的期望收益为：

$E_{g0} = (1-\beta)(-S)$

当 $E_{g0}=E_{g1}$，即地方政府选择经营权管制和经营权放开时的期望收益无差异时，地方政府的期望支付 E_g 达到了最大化，其管制行为实现了最优化。此时：

$-\beta C_r + (1-\beta)(F-C_r) = (1-\beta)(-S)$

因此，通过运算可以得到，出租车经营者合法营运的最优概率为：

$\beta^* = 1 - \dfrac{C_r}{S+F}$

同理，可以得到出租车经营者的期望支付为：

$E_t = \beta[\alpha(R-C_c)+(1-\alpha)(R-C_c)]+(1-\beta)[\alpha(R-C_t-F)+(1-\alpha)(R-C_t)]$

给定 α。出租车经营者选择正当竞争方式（$\beta=1$）获取经营权的期望收益为：

$E_{t1} = [\alpha(R-C_c)+(1-\alpha)(R-C_c)]$

出租车经营者选择"寻租"的方式（$\beta=0$）获取经营权的期望收益为：

$E_{t0} = \alpha(R-C_t-F)+(1-\alpha)(R-C_t)$

当 $E_{t0}=E_{t1}$，即出租车经营者选择正当竞争方式和寻租方式获取经营权的期望收益无差异时，出租车经营者的期望支付 E_t 达到最大，其行为实现了最优。此时：
$$\alpha(R-C_c)+(1-\alpha)(R-C_c)=\alpha(R-C_t-F)+(1-\alpha)(R-C_t)$$
地方政府对经营权管制的最优概率为：
$$\alpha^* = \frac{C_c - C_t}{F}$$

根据以上博弈结果我们可知，$\alpha^* = \frac{C_c - C_t}{F}$，$\beta^* = 1 - \frac{C_r}{S+F}$ 是地方政府与出租车经营者混合策略博弈的唯一纳什均衡[①]。在均衡条件下，地方政府以 $\alpha^* = \frac{C_c - C_t}{F}$ 的概率选择经营权市场管制，出租车经营者以 $\beta^* = 1 - \frac{C_r}{S+F}$ 的概率进行出租车经营权合法营运。可见，在地方政府和出租车经营者之间的博弈中，在出租车牌照收益一定的条件下，出租车经营者合法营运的概率与政府的管制成本成反比例关系，政府管制成本的增大可能导致政府管制的放松，从而使非法营运的概率加大；而与政府对非法营运的处罚和政府不管制而导致的损失成正向关系，政府对非法营运出租车收取高额的罚金可以对出租车经营者产生一定的威慑作用。因此，降低政府管制成本，加大对非法营运的处罚力度和增加不管制损失都将提高出租车经营者合法营运的概率。地方政府对经营权市场的管制概率取决于出租车经营者合法营运和非法营运成本之差与政府对非法营运的处罚两个因素，与成本之差即出租车经营者非法营运的额外利润成正比，而与处罚力度成反比。政府对非法营运车辆收取高额罚金，可能会减少非法营运车辆，因此政府也可以选择较小的管制概率以节省管制成本。

2. 出租车经营者之间的博弈模型

在市场经济条件下，参与出租车经营权竞争的企业和个人往往不止一家。在出租车经营权数量管制和准入管制下，经营权数量有限，准入门槛较高，为获得有限的经营权资源，众多具有独立经济利益的企业加入"寻租"行列。由于经营权数量和政府的租金总量有限，只允许少数企业参与"寻租"，企业能否获得优先进入权，取决于企业之间的竞争和博弈成败。正如克鲁格所言，"寻租活动常常是竞争性的，资源被用于为获得这些租金而竞争"[②]。

如前面的假设，经营者获得经营权牌照的收益为 R，通过正当竞争方式

[①] 谢识予：《经济博弈论》，复旦大学出版社，2001，第63~67页。
[②] Anne O. Krueger. "The Political Economy of the Rent-seeking Society," *The American Economic Review*, No. 3 (Jun. 1974): 291-303.

获得经营权的成本为 C_c，"寻租"成本为 C_t。于是，如果经营者甲、乙都通过正当竞争获得经营权，两者共分经营权牌照收益，其净收益都为 $\frac{R}{2}-C_c$；如果两者都通过"寻租"方式获得垄断经营权，两者仍共分牌照收益，其净收益都为 $\frac{R}{2}-C_t$。但是，如果经营者一方进行"寻租"而另一方不进行"寻租"，则不"寻租"的一方可能面临失去经营权的危险，其预期收益为0，而"寻租"的一方净收益则为 $R-C_t$。由于存在信息不对称，假定出租车经营者选择正当竞争获得经营权的概率分别为 α 和 β，则通过寻租方式获得经营权的概率分别为 $1-\alpha$ 和 $1-\beta$。于是，出租车经营者之间的博弈矩阵如表 3-3 所示。

表 3-3　出租车经营者之间的博弈矩阵

		经营者乙	
		正当竞争（β）	寻租（$1-\beta$）
经营者甲	正当竞争（α）	$\frac{R}{2}-C_c$，$\frac{R}{2}-C_c$	0，$R-C_t$
	寻租（$1-\alpha$）	$R-C_t$，0	$\frac{R}{2}-C_t$，$\frac{R}{2}-C_t$

于是，经营者甲的期望效用函数为：

$$E_{甲}=\alpha\left[\beta\cdot\left(\frac{R}{2}-C_c\right)+(1-\beta)\cdot 0\right]+(1-\alpha)\left[\beta\cdot(R-C_t)+(1-\beta)\left(\frac{R}{2}-C_t\right)\right]$$

经营者甲行为最优的一阶条件为：

$$\frac{\partial E_{甲}}{\partial \alpha}=\beta(-C_c)-(R-C_t)=0$$

经营者乙选择正当竞争的最优概率为：

$$\beta^*=\frac{C_t-\frac{R}{2}}{C_c}$$

依据对称性理论，经营者甲选择正当竞争的最优概率为：

$$\alpha^*=\frac{C_t-\frac{R}{2}}{C_c}$$

根据博弈结果我们可知，$\alpha^*=\dfrac{C_t-\frac{R}{2}}{C_c}$，$\beta^*=\dfrac{C_t-\frac{R}{2}}{C_c}$ 是经营者甲与乙混合

策略博弈的唯一纳什均衡。在均衡条件下，经营者甲以 $\alpha^* = \dfrac{C_t - \dfrac{R}{2}}{C_c}$ 的概率选择正当竞争方式获得经营权，经营者乙以 $\beta^* = \dfrac{C_t - \dfrac{R}{2}}{C_c}$ 的概率选择正当竞争方式获得经营权。经营者选择正当竞争方式概率的大小取决于"寻租"成本、正当竞争成本及经营权收益三者的高低。由此可见，经营者选择正当竞争方式获得经营权概率与寻租成本成正向关系，与正当竞争成本成反比例关系，提高"寻租"成本，降低正当竞争成本，都将提高经营者选择正当竞争方式获得经营权的概率。

3. 出租车公司与司机之间的博弈模型

在出租车行业的利益链条上，出租车公司与出租车司机分属两个不同的利益团体，出租车公司的最高目标是尽可能地获取高额的行业利润。在出租车行业利润空间一定的条件下，出租车公司为获取高额的利润，必然会压低出租车司机的收入，提高"份儿钱"。而出租车司机在整个链条中处于弱势地位。在整个过程中，出租车公司和出租车司机进行着罗宾斯泰英博弈，双方博弈收益的大小取决于双方相对谈判力的高低。随着经济发展水平的不断提高和就业形势的不断恶化，出租车公司对司机的谈判力逐渐提高，博弈的最后结果往往是出租车公司的博弈收益不断提高，司机的博弈收益不断下降[①]。这样，在这种罗宾斯泰英博弈中，司机的收益会陷入一种不断下降的恶性循环。出租车公司与出租车司机的谈判力变化对博弈收益的影响如图 3-1 所示。

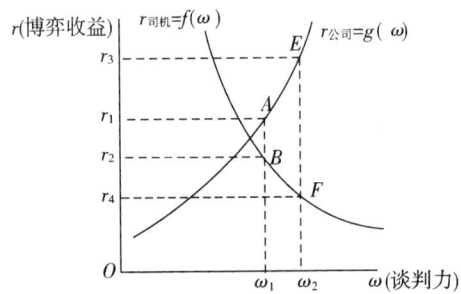

图 3-1 出租车公司与出租车司机的谈判力变化对博弈收益的影响

---

① 李艳梅、杨涛：《北京市出租车市场管制模式的福利分析》，《北京交通大学学报》（社会科学版），2008 年第 3 期，第 36-42 页。

在图 3-1 中，横轴 ω 代表出租车公司对出租车司机的相对谈判力，其大小取决于两者的相对收益，表达式为 $\omega = \dfrac{r_{\text{公司收益}}}{r_{\text{司机收益}}}$；纵轴 r 代表出租车公司和司机间的博弈收益，且二者之和等于生产者剩余的一部分。其中，公司的博弈收益函数为 $r_{\text{公司}} = g(\omega)$，是 ω 的递增函数；司机的博弈收益函数为 $r_{\text{司机}} = f(\omega)$，是 ω 的递减函数。A、E、B、F 分别为当公司的相对谈判力由 ω_1 提高到 ω_2 时的博弈均衡点。

由图 3-1 我们可知，当公司对司机的相对谈判力由 ω_1 提高到 ω_2 时，公司的博弈收益会由 r_1 上升到 r_3；而相反，司机的博弈收益则会由 r_2 迅速下降到 r_4。公司博弈收益的提高和司机博弈收益的下降，将导致公司对司机的谈判力进一步提高。于是，在这种罗宾斯泰英博弈中，公司会陷于一种收益不断提高的循环中，而司机则陷入一种收益不断下降的循环中。

从出租车经营权市场多重博弈模型的构建可以看出，出租车经营权市场现有的运行机制与政府管制行为及不同利益主体间的博弈行为有着密切关系。上述博弈模型验证了政府对出租车经营权进行管制概率的大小与管制租金的多少有着密切关系。同时，"寻租"成本与正当竞争成本之间的比较影响着出租车经营者是以正当竞争方式还是以"寻租"方式获得经营权。在出租车经营权政府管制下，随着经济发展水平的不断提高和就业形势的不断恶化，出租车司机总是处于博弈的弱势地位，其博弈收益将会不断下降。

（三）出租车经营权市场产权界定成本分析的经济学意义

第一，有利于确立投资与所有匹配原则。如前所述，城市公共道路、出租车经营权运营的相关设施和制度建设都不是自发形成的，为了构建和维护这些设施和制度，政府花费了巨大的人力、物力。那么，根据谁投资谁所有的原则，投资人或投资主体，自然就应该对这种因投资而形成的物品（包括有形市场和无形市场）拥有所有权。因此，政府作为出租车经营权市场的投资人或投资主体，自然成了出租车经营权市场的产权主体。

第二，有利于确立投资与收益匹配原则。既然出租车经营权市场产权不是自发形成的，而是政府投资形成的，政府是其产权主体；那么，根据谁投资谁收益要求，政府就应该获得相应出租车经营权市场运营的相关收益，拥有一定的市场收益权和处分权。在出租车经营权市场上，政府的收益权主要体现为经营权拍卖价格收入和一定的税收收入。

第三，有利于确立成本与效率匹配原则。既然出租车经营权市场产权的形成、建立、界定与运行等都是有成本的,那么在地方政府的统一监管下,形成一套合理的出租车经营权市场产权规则和契约制度安排,从而构建一个运行规范、竞争有序、利益分配平衡的出租车经营权市场,就显得非常重要。根据成本最小化与效率最大化的要求,政府一方面要使出租车经营权市场的产权投资成本最小化,把市场产权投资成本降到最低限度;另一方面,要尽量提高出租车经营权市场产权的运行效率,实现市场产权收益的最大化及市场产权收益分配的合理化。①

四、出租车经营权市场产权的主体归属

(一) 出租车市场经营主体与出租车经营权市场产权主体的根本区别

1. 市场经营主体

一般而言,市场经营主体是指具有合法的经营资格和能力,经政府批准进入市场,为追求自身利益最大化而以自己的名义持续地从事营利性经营活动,并依法享有权利和承担义务的组织和个人。它是具有自我组织、自我调节、自我约束等功能的市场运作实体,包括市场上一切从事生产经营活动的企业法人和自然人,是社会主义市场经济运行的基础。市场经营主体和市场主体是两个不同的概念。市场主体是相对于市场客体而言的,包括一切市场客体的占有者或市场交换活动的当事人,它主要表现为参与市场经济活动的一切组织和个人,包括政府、商品生产者、经营者和消费者,由具有不同利益的团体组成。其中,政府和消费者虽然也参与市场经济活动,成为市场主体,但它们都不是以盈利为目的的,不应成为市场经营主体,而应是市场管理主体和市场消费主体。

个人或组织要成为真正的市场经营主体必须具备以下几个规定性:第一,必须取得市场经营资格。市场经营主体是市场经营活动的参与者,因此必须依法获得相应的主体资格。主体资格的取得在形式上表现为,满足法定的条件,并在特定的机关进行注册登记,取得营业执照,明确其经营范围。规范市场经营主体资格的法律,在我国主要指《中华人民共和国民法典》和有关商事法律。第二,必须从事经营活动。在市场经济活动中,市场经营主体所从事的活动主要是生产、流通或服务的经营活动。市场经营主体从事经营活动具有两个显著特征:一是所从事的经营活动具有连续性,也就是说,市场

---

① 曾繁华、李信:《市场产权成本及其经济学意义》,《财政研究》2006年第12期,第14-15页。

经营主体持续地从事同一性质的经营活动，偶尔从事经营活动的个人或组织通常不属于市场经营主体；二是从事的经营活动具有固定性，其固定性表现为，市场经营主体按照注册登记的经营性质和经营范围从事经营活动，有固定的内容和确切的经营项目，且有固定的生产经营场所。第三，从事的是具有营利性质的经营活动。市场经营主体从事经营活动的目的就是获取投资利润，追求利润最大化是市场经营主体最本质、最重要的特征，并且市场经营主体为了谋取投资利益，总是反复持续地实施营利性行为，并以此为职业。第四，能够独立地享有民事权利和承担民事责任。市场经营主体不仅是独立的利益主体，而且还具有独立的人格，其有相应的权利能力和行为能力，在市场经营活动中能够自主经营、自负盈亏，独立地享有民事权利和承担民事责任。

2. 出租车经营权市场的经营主体

2014年之前，建设部和公安部于1998年联合发布的《城市出租汽车管理办法》（已废止）是出租车行业的最高法规，正是该法规正式确立了中国出租车行业的管制政策。该法规将出租汽车经营企业和出租汽车个体工商户共同列举为出租车经营主体，但对出租车经营主体该法规在法律条文上又给予了种种限制，如要求申请从事出租车经营的企业和个体工商户必须向客运管理机构提供资信证明、经营管理制度、有关经营场所的文件和资料等，这些条件的提出变相地剥夺了个体工商户从事出租车运营的资格，从而致使在实际操作中大部分经营主体是公司，个体经营者仅占很小的部分。2016年，交通运输部颁布的《巡游出租汽车经营管理规定》则从车辆方面对经营主体做了规定。

3. 出租车经营权市场的产权主体

出租车经营权市场产权是指各经济主体在经营权市场上关于出租车经营权的占有、使用、收益和处分等的权利规则与制度安排。城市公共道路是由政府投资（虽然其源于纳税人的税收）兴建的"公共产品"，具有公共产品市场性质。出租车经营权市场，包括市场设施、市场运行维护和相关制度建设等都是政府耗费大量人力、物力建立起来的，因此政府理应成为经营权市场产权的主体，并获取相应的市场收益权和处分权。

（二）政府是出租车经营权市场的产权主体

新制度经济学派认为，国家是一种在某个特定地区内对合法使用强制性手段具有垄断权的制度安排，它的主要功能是提供法律和秩序。道格拉斯·C.

诺思指出：国家具有"暴力潜能"，这个"暴力潜能"内涵丰富，它既包括军队、警察、监狱等暴力工具，也包括权威、特权、垄断权等"无形资产"，国家的"暴力潜能"类似于企业拥有资金、劳动力、技术等生产要素后所具备的"生产能力"。[①] 国家本身所拥有的"暴力潜能"以及为社会运行提供法律、有效规则、制度的特殊地位，赋予任何其他经济社会主体不可替代的国家本身这一组织机构至高无上的权威、特权、垄断权等特殊资源。国家本身这一特殊的权力与地位决定国家的代表者——地方政府将最终成为出租车经营权市场的产权主体。并且，在出租车经营权市场的建设中，市场规则、制度建设最主要的供给者以及市场环境建设最大的投资主体是地方政府，企业和个人等经济主体虽然在有关市场体系、市场制度建设和市场环境建设中也起着极其重要的作用，但其作用最终依然取决于地方政府的产权安排及其制度约束。正因为如此，地方政府作为国家的代表者和出租车经营权市场建设的主要投资者，才成了出租车经营权市场的产权主体。

---

① 道格拉斯·C. 诺思：《经济史中的结构与变迁》，陈郁等译，上海三联书店，1994，第21页。

第四章 城市出租车经营权配置与经营存在的问题及其分析

第一节 传统出租车经营权配置与经营存在的问题及其分析

随着经济的发展和城市现代化进程的加快,出租车作为一种灵活、方便的交通工具,给居民出行带来了极大的便利,但在出租车行业的发展过程中也存在诸多问题。具体来说,出租车经营权市场运营过程中存在的问题主要体现在以下几方面。

一、城市出租车经营权市场运营问题的外在表现形式

(一)市场供给不足

从出租车数量来看,部分城市总体上存在供给不足的问题。20世纪90年代存在出租车投入增长过快和经营权有偿出让不规范等问题;同时,由于在营公司和司机对新投放运力的强烈反对,一些地方的新增运力决策受到了限制,多年来没有新增运力。这样,部分城市的出租车出现了明显的供给不足,出租车市场出现消费者打车难、等车时间长、司机挑客、拒载等现象。此外,经营权的投放不足也提高了行业的垄断利润和出租车经营权的价格,使得现有出租车经营权拥有者更加强烈反对进一步扩大准入,这样,就使得市场供给不足和经营权价格不断提高形成恶性循环。

(二)"份儿钱"过高

所谓"份儿钱",就是指出租车司机为了获得出租车的经营权,而交给出租车公司或其他出租车辆经营公司的固定费用,也就是出租车所交纳的承包

金。① 由于出租车经营权的稀缺性，以及我国基数庞大的就业大军，而且出租车行业的工作又是技术含量不高的工作，因此，对于许多下岗工人和技术较低的人有着极大的吸引力，许多人都是倾其所有加入出租车行业，由此推动了出租车"份儿钱"的不断攀升。据央广网数据显示，2015年北京出租车司机双班的"份儿钱"是每月8 280元左右，南京是7 000～9 000元，成都为1万元左右，深圳每月达1.2万元。大部分城市的出租车"份儿钱"均占司机收入的30%～60%。② 另有资料显示，2015年重庆出租车司机一天营运下来"份儿钱"至少要占到70%～80%。"份儿钱"过高致使我国城市出租车行业矛盾尖锐，多次发生罢运、停驶事件，如2015年重庆出租车发生罢运源于重庆市32家出租车公司擅自增收驾驶员的管理费（也就是"份儿钱"）50～70元/天，增加了驾驶员的负担，减少了其收入；三亚市出租车罢运是由于当前一些出租车公司没有执行三亚市政府此前调整出租车承包金的规定，一直在收取7 200元左右的月承包金，而一些原本下调承包金的公司又要求出租车司机补交上月承包金。

（三）寻租问题严重

经济学已经证明，政府管制必然会产生"经济租"。在出租车行业的管制政策下，出租车经营牌照成了一种稀缺资源，经营牌照价格奇高，远远超过了出租汽车本身的价格。在这种情况下，作为既得利益者，为了保有垄断利益和谋求更大的利益，出租车经营公司会通过游说、疏通政府，使对自己有利的管制政策通过并阻止对自己不利的管制政策通过；同时，法规的不健全以及政府掌握着根据实际情况进行决策的权力，给出租车经营公司进行"寻租"活动提供了条件，以至于"寻租"现象愈演愈烈，结果只能是社会资源的浪费和社会财富的分配不公，从而导致整个社会福利受到损失。

（四）"黑车"过多

所谓"黑车"，是指那些未经政府部门批准，没有取得出租车运营许可证，擅自开展有偿经营出租车业务的客运车辆。"黑车"因其不需支付合法出租车所需的各项费用，所以相对于合法营运出租车来说就有了一定的优势，在营运市场利润空间一定的条件下，"黑车"的出现自然也就侵蚀了合法营运

---

① 杨亮：《出租车停运事件引发的话题："份儿钱"背后的"游戏规则"》，《光明日报》，2008年11月28日，第2版。
② 《20城出租车调查：郑州22年增32辆 深圳份子钱每月1万2》，央广网，2015年8月3日。http://news.cnr.cn/dj/20150803/t20150803_519402657.shtml，访问日期：2018年3月22日。

出租车的收入，损害了合法出租车司机的权益。据统计，在全国各主要城市，如北京、上海、深圳、重庆等地，在城市发展的过程中，都或多或少地存在一定数量的"黑车"。而在上海、深圳等地，如果把城市周边地区的"黑车"算起来，其数量已远远超过出租汽车和公交车辆的总和。这些"黑车"凭借其价格和服务优势，长期争抢合法出租车的客源，严重扰乱了客运市场的秩序。如此大数目的"黑车"严重干扰了合法出租车的营运，同时给政府机构的寻租行为创造了机会，影响了出租车经营权市场的利益分配格局。

（五）利益分配不均衡

出租车行业特殊的运营机制和政府对出租车行业的管制政策，使得出租车经营权市场利益分配畸形化。[①] 以重庆市出租车经营权市场利益分配为例加以说明，1997年重庆市政府拍卖了1 000辆出租车经营权指标，规定运营时限为8年，价格为26~26.5万元，地方政府在该次拍卖中一次性收入2.6~2.65亿元。出租车公司拿到这些指标后，将其分割为两个4年，分别配置到2辆车上，按每辆车25~26.5万元（目前已经上涨为35万元）的价格出售给二级承包人。出租车公司分割到每辆车上的实际运营指标成本为13.25万元左右，加上车价约8.51万元（含各种上路费用），总成本约21.76万元。这样，出租车公司在分割指标及售车环节上，很轻松地就从二级承包人身上赚走约4.74万元。当然，重庆出租车公司赚走的并不只是这些，二级承包人还得向出租车公司交纳"月供"。据测算，4年中二级承包人需要向出租车公司交纳的"月供"总计51.32万元。而每辆出租车司机每天一共需要向二级承包人交纳380~420元的"份儿钱"。当地一辆出租车平均每天的总收入约为600元。在这一利益链中，地方政府、出租车公司、二级承包人、出租车司机从一辆出租车一个月的运营中获得的利益分别为：地方政府所得（运营指标分摊到48个月）为2 708.33元，出租车公司为3 812元，二级承包人为1 450元，司机仅为1 376元。[②] 从上述案例我们可以看出，重庆市出租车行业的四个利益集团（地方政府、出租车公司、二级承包人和出租车司机）层层盘剥，出租车司机在出租车公司和消费者的双层利益夹板中煎熬，出租车市场的利益分配极不公平。

[①] 曾繁华、程金亮、陈曦：《城市出租车经营权市场产权分析》，《中南财经政法大学学报》2011年第5期，第20-25页。

[②] 程维：《重庆出租车行业调查：被权力畸化的利益链》，《第一财经日报》，2008年11月7日，第A11版。

二、城市出租车经营权市场运营问题的内在表现形式

城市出租车经营权市场运营的表面问题有很多,但是其内在的深层次问题主要有以下几方面。

(一)经营权垄断经营

从经济学角度来讲,垄断是指少数大公司、企业或者若干企业联合独占生产和市场的一种经济现象。从法学角度来讲,垄断则是一种排斥和控制竞争活动的经济力量,代表的是一种根据某种共同利益而联合起来的社会力量,垄断者谋取经济利益,是依靠对市场的操纵和独占实现的[1]。根据垄断的形成原因,目前我国经济中存在的垄断可以分为两大类:[2] 经济性垄断和行政性垄断。经济性垄断主要是生产集中、资本积聚或技术等原因导致的独占,其中,具有规模经济效应的自然垄断是最为特殊的一种经济性垄断;行政性垄断则更主要在于法律的授权而导致的独占,或者政府对经济生活的行政干预导致的独占,如政府对市场进入的限制、地方保护主义和固定价格等行为。

我国出租车经营权市场的垄断是一种行政性垄断,主要是地方政府职能部门作为地方权力主体,对出租车市场进行区域性行政干预而形成的垄断。在这种垄断模式下,政府运用行政的或经济的分配手段,将出租车经营权指标无偿或有偿地发放给出租车公司或个人,少数掌握着出租车经营权的公司或个人,凭借政府严格的准入限制和总量限制,获得了经营权垄断经营的权利,并利用这种稀缺的经营权资源谋取高额的垄断利润。而出租车司机则在这种经营权垄断经营的背景下背负着沉重的"份儿钱"包袱,每天为了完成100多元至200多元不等(依不同城市而定)的"份儿钱"而不堪重负。因此,在这种经营权垄断经营模式下,出租车公司获取了高额的垄断利润,而出租车司机则背负着沉重的"份儿钱"包袱,一些政府部门和相关官员依仗权力违法设租、寻租,市场利益分配极不平衡,市场运营矛盾重重,从而造成了社会资源的浪费和社会财富的损失。

(二)政府管制的不经济

就出租车市场而言,政府对出租车市场的管制政策有数量管制、准入管

---

[1] 潘静成、刘文华:《经济法》,中国人民大学出版社,2005,第255页。
[2] 曾繁华、程金亮、陈曦:《城市出租车经营权市场产权分析》,《中南财经政法大学学报》2011年第5期,第20-25页。

制和价格管制。出租车数量管制是管制机构根据消费者的需求及城市公共交通的发展状况,对经营出租车业务的机动车数量及授予司机的特许经营执照数量加以控制[①],以防止出现过度竞争现象,从而降低出租车的空驶率,提高出租车的运营效率。目前,我国大部分城市对出租车的数量管制主要还是体现在对营运出租车的数量管制上。政府实行严格的数量管制,其决策的依据是市场信息的传递和反馈,即基于城市发展规模、现有出租车的保有量及市场需求等做出判断。但是,以上信息的传递、获取往往是不对称的,相互之间的关系错综复杂,政府无法准确预测和控制市场上这些自发生成的因素,因此政府必不可免地存在管制失灵问题。同时,由于我国出租车行业对出租车经营者和出租车司机执业资格的审查较为宽松,进入出租车司机行业的技术门槛较低,这样,当城市待业人员较多时,就会造成出租车运营许可证需求量大,从而导致出租车经营牌照溢价等问题的出现,这也从另一个方面导致管制失灵。并且,一旦政府错误地对出租车总数进行严格的控制,不再投放新的运力和不再发放新的经营牌照时,就会直接导致原来拥有出租车经营权者的垄断经营。垄断经营的存在使得经营权掌握者为了保有其既得垄断利益不惜冒违法的风险进行"寻租"活动,而消费者则为乘坐出租车付出了过高的价格,出租车司机也成了"骆驼祥子",出租车市场"黑车"充斥。在这样一种市场模式下,城市出租车行业出现罢运事件是必然的。

准入管制又称为准入歧视,是政府在发放出租车经营牌照时对不同的申请人实行不同的准入政策,主要表现为:在允许企业进入的同时严格限制个人获得营运牌照。要求申请从事出租汽车经营的企业和个体工商户必须提交资信证明,经营管理制度,有关经营场地、场所的文件和资料。这就将个体工商户排除在经营主体之外了。同时,由于没有规范的法律法规,在实际操作中,有的城市虽然也允许个人参加竞标、拍卖,但却搞"身份"限制。这样就使得出租车准入管制弊端重重,抑制了市场的充分竞争,降低了资源的配置效率,违背了社会公平的原则,并滋生了腐败行为,出租车市场出现矛盾也是在所难免的。

价格管制是各城市依据本地区的经济发展水平、物价水平、交通状况、市民生活习惯等因素来制定的出租车服务价格标准。政府实行出租车价格管制主要是为了保护乘客。但由于市场信息的不对称和政府行为能力的有限性,

---

① 陈明艺:《出租车数量管制的合理性分析及评估机制研究》,《中国物价》2006 年第 8 期,第 45-49 页。

政府的这一行为往往不可避免地产生失灵现象。

（三）利益诉求的非重复博弈性

按照行为的时间顺序，博弈可分为静态博弈与动态博弈两类。静态博弈是指在博弈中，一旦每个局中人的策略选定，整个博弈的结局也就决定了，每个局中人不可能再对博弈的过程施加影响。其中，一次性博弈就属于静态博弈。动态博弈是指在博弈中，局中人的行动有先后顺序，且反复进行的博弈。重复博弈属于动态博弈的一种特殊情况。在一次性的静态博弈中，任何欺骗和违约行为都不会遭到报复。相反，在重复博弈中，对于欺骗和违约行为，其他局中人就有机会给予报复。特别是在无限重复博弈中，任何不合理的行为都会遭到其他局中人的后续报复。[①]

我国出租车市场中的利益诉求就属于一种非重复性博弈，由于这种博弈的非重复性，任何欺骗和违约行为都不会遭到其他局中人的后续报复。因此，非重复博弈的存在极易诱发道德风险和逆向选择，从而使经营权市场利益分配扭曲化。我国出租车市场中利益诉求的非重复博弈性主要体现在以下两方面：一方面，司机与乘客之间存在着非重复博弈。由于出租车行业特殊的运营方式——移动运营（即巡游），因此，同一个乘客很难再坐上同一辆出租车，而对于坐出租车少的乘客这个可能性几乎可以忽略不计。目前，我国出租车的搭乘方式主要是巡游类，这种搭乘方式类似于随机抽样，在理论上，其概率是平均分布的。因此，司机与乘客之间处于一种非重复博弈的状态，缺乏后续的惩罚机制，司机相对于乘客来说处于信息优势，极易诱发司机发生道德风险，做出有益于自己利益的行为，比如出租车司机会故意绕道、在计价器上做手脚以及隐瞒车况等。据搜狐财经报道，武汉出租车司机曾将出租车里程从动齿轮从 18 齿改为 17 齿，以加快计价器的计价速度。[②] 另一方面，司机与公司之间也存在非重复博弈。目前，我国出租车的管理体制，使公司对司机可以采取罚款、收回营运权等处罚手段，而司机只能在不得已的情况下，采取"罢运"的方式寻求政府的帮助。司机缺乏自己的利益诉求表达机制，这也是目前各个城市"罢运"不断的重要原因。"罢运"现象不断出现，一个重要的原因就是没能解决出租车公司和出租车司机之间的非重复博弈问题，司机与公司之间缺乏常态的沟通博弈渠道。因此，建立健全的工会

[①] 高鸿业：《西方经济学》，中国人民大学出版社，2003，第 243-148 页。
[②] 李芳、查错：《修理工曝计价器"心跳过速"内幕》，《武汉晚报》，2009 年 11 月 14 日，第 11 版。

组织，解决出租车司机和出租车公司之间的一次博弈问题，加强司机群体和出租车公司之间的谈判能力非常必要。

第二节 基于市场产权视角的传统出租车经营权市场运营问题的解决机制

一、出租车经营权市场产权关系模糊导致出租车市场经营问题严重

如前所述，关于市场产权的研究，近年，中南财经政法大学的曾繁华教授带领其博士生进行了相关的探索与研究，并取得了可喜成绩。正如武汉大学资深教授谭崇台所指出，"市场产权问题的提出，是首次在国内产权研究方面的一个大胆尝试"，"填补了产权理论研究领域的一个空白"[①]。我国城市出租车经营权市场运营之所以问题重重，从产权角度来看实质上是出租车经营权市场产权边界界定不清晰，市场产权关系模糊，从而导致的市场主体权责利关系混乱，市场利益分配扭曲。

（一）出租车公司与出租车司机之间的产权关系模糊

由于出租车行业的特殊性，目前我国现行的出租车管理模式大多为雇员制、承包制、挂靠制等。在这种经营管理模式下，司机为了获取出租车经营权，根据不同的形式和合同时间的长短，都要交纳名目不同的高额保证金、承包金或挂靠金及管理费。而现有出租车经营权市场既没有从制度层面更没有从实际操作层面明确界定出租车公司和出租车司机的权利、义务边界，明确各自的权利、义务范围，这就必然使得出租车司机陷于这样一种独特而尴尬的身份中：作为投资者，他们不能享受财产的所有权和应有的投资回报；作为雇员，其不能享受当地最低工资保障待遇；作为承包者，却还需缴纳除承包期内承包费以外的费用。出租车司机在经营权市场上的这样一种独特而尴尬的身份必然使得其在与出租车公司的利益分配关系中也处于一种尴尬的地位，从而导致前面所提到的出租车司机的利益得不到保障，"份儿钱"过高。相对于出租车司机而言，出租车公司由于手中握有应由政府控制的经营

---

① 谭崇台：《评曾繁华博士的〈中国企业技术成长机制及竞争力研究〉》，《经济研究》2002年第5期，第88-91页。

权资源，成为实际的经营者，凭借从政府那里获得的授权牌照，就可以获得稳定且不菲的垄断回报，这就隐性地剥夺了出租车司机作为事实上的投资者和经营权有偿使用者所享有的权利。

同时，经营权市场上出租车公司和司机产权关系的模糊，还可引发车辆所有权归属、经营权的续展、车辆更换及报废等一系列的矛盾和冲突，当某些矛盾、冲突激化时，地域性的出租车行业罢运也就在所难免。

（二）政府与出租车公司之间的产权关系模糊

我国出租车经营权市场产权关系的模糊性还表现在政府与出租车公司之间的产权关系界定不明确，两者仅仅是一种经营权的买卖或划拨、挂靠关系。出租车公司一旦取得一定期限的经营权，便成为产权的实际拥有者，政府对其基本没有约束、监督和控制的手段。虽然国家的有关条例对出租车公司的资质、营运服务与管理等方面做出了一些规定，但对出租车公司是否具有健全的法人内部治理结构，出租车公司间的幕后交易，违规、高价转让经营权，任意转移经营风险、增加司机负担等问题并没有明确、具体的管理依据来进行约束、监督和处理。

同时，政府、出租车公司和出租车司机的产权边界界定不清还会导致"寻租"行为的产生。政府管理部门、出租车公司和司机三方从某种程度上讲都拥有出租车的经营权，但在现有的产权关系下，出租车公司和司机对出租车的经营权没有保障，要想长期维持其对出租车的经营权必须通过"寻租"的方式。因此，要规避"寻租"行为，最好的办法就是明确界定政府、出租车公司和司机相对于出租车经营权的产权边界，确定合理的经营权出（转）让机制，产权明晰了，"寻租"行为就失去了它赖以生存的土壤，出租车经营权市场上的一些问题也可以得到解决。

（三）政府各个部门对出租车经营权的管理界限不清

2014年之前，我国出租车行业的管理工作主要由国务院和地方两级政府部门负责。在全国，负责出租车行业管理的是国务院建设行政主管部门，即建设部[①]；在地方，出租车行业的管理状况就较为混乱，既有交通部门管理的，又有城建部门管理的，还有二者共同管理。据统计资料显示，2005年，在我国98多万辆出租车中，由地方交通部门主管的占全国出租车总数的

---

① 2008年的部委调整后，包括出租车行业管理在内的原建设部的指导城市客运的职责交给了新成立的交通运输部。

80.9%，由建设部门主管的占全国出租车总数的 18.2%，其他部门主管的占 0.9%；在全国 344 个地级市中，有 288 个地级市的出租车由交通部门管理，有 56 个地级市的出租车由建设部门管理，分别占 83.7% 和 16.3%；全国中小城市的出租车基本上均由交通部门管理。① 这样，在我国出租车行业就形成了双头甚至多头管理的现象，管理体制不统一，管理条块分割，各管理部门对出租车经营权的管理界限模糊，从而严重影响了行业管理的工作效率，导致市场混乱和行业不稳定。2014 年以后，交通运输部颁布实施了《出租汽车经营服务管理规定》，并于 2016 年对其进行了修正，明确规定巡游出租车的管理统一归于交通运输部。自此，出租车经营权的管理界限在管理规定上得以划清，但从各个城市的实际情况来看，仍存在界限不清的现象。

此外，2014 年之前，在我国的出租车行业管理体制中，无论交通部还是建设部均没有设置专门的出租车管理职能部门，出租车管理挂靠于其他职能部门，这使得我国出租车行业的管理和发展缺乏国家层面上的宏观指导，各种部门规章、政策、法规难于制定和落实，严重影响了行业的健康发展。

二、明晰市场产权关系是提高出租车经营权监管绩效的关键

我国出租车经营权市场之所以矛盾重重，政府管制低效甚至无效，其根本原因是出租车经营权市场产权关系混乱，经营权市场产权边界界定不清，从而导致的经营权市场经营主体之间权责利关系模糊、市场利益分配扭曲。因此，要从根本上解决出租车行业的问题，提高政府的管制绩效，就必须理顺租车经营权市场的产权关系，明确界定经营权市场的产权边界，明晰经营权市场各主体的权责利关系，只有这样才能有效提高政府对出租车经营权的管制绩效。

（一）明晰出租车经营权市场产权关系有利于规范出租车行业的监管行为

城市公共道路是一种公共资源，建立在城市公共道路基础之上的出租车经营权市场也是一种公共资源，具有"公共产权"性质，通行"谁投资谁所有、谁投资谁受益"的原则。根据这一原则，政府作为城市出租车经营权市场的投资者自然就成了出租车经营权市场的产权主体，并享有一定的收益权和处分权。在出租车经营权市场上，作为出租车行业和市场的管理人，政府的权利和责任边界是通过一定的方式（有偿出让等）将出租车经营权出让给

---

① 新华网：《出租车行业寻求从三国演义到三位一体》，新浪财经网，2005 年 10 月 8 日。http://finance.sina.cn/sa/2005-10-08/detail-ikkntiak9588080.d.html? cref=cj，访问日期：2018 年 3 月 22 日。

有能力经营的企业，实现有限资源的合理配置，并监督经营者在为社会提供高质量服务的同时获取适当的经营利润。至于出租车经营权市场的具体经营模式如何，是公司化还是个体经营，抑或二者兼而有之，这个问题不应该由政府来回答，而应该由市场来回答。政府的职责不在于设计具体的市场经营模式和市场运行方式，而在于通过营造有效的制度环境，促使市场选择更有效率的经营模式和更好的运行方式，实现社会福利的极大提高。

因此，对出租车行业的管理，政府应从主导式、全部负责式的运作方式转变为政府实施引导和监管、市场化的运作方式。政府部门的主要职责在于制定"游戏"规则，通过研究政策、制定法规，把握行业的发展方向；调节供给数量、保持供需均衡；控制、审定进入市场的经营主体的资质；监管市场秩序、惩处违法行为。政府职能应从计划经济的高度集权型逐步转变为市场经济的服务型，使出租车行业的发展更加规范、合理、科学和有序。①

（二）明晰出租车经营权市场产权关系有利于提高市场资源的配置效率

在出租车经营权市场产权关系模糊的条件下，政府的不当管制形成了经营权垄断经营模式。在这种经营权垄断经营模式下，出租车公司凭借从政府那里获得的稀缺经营权资源，依靠政府严格的准入限制和总量限制，获取了高额的垄断利润，而出租车司机则背负着沉重的"份儿钱"包袱。垄断意味着独占，是一种排斥和控制竞争活动的经济力量，垄断限制了竞争。在政府的不当管制政策下，经营权被出租车公司垄断经营，经营权成了稀缺资源，经营权许可证"一证难求"，少数先期进入该行业的出租车公司独占行业利润，同时排斥潜在进入者的竞争。这种垄断经营模式抑制了市场竞争，降低了市场资源的配置效率。

此外，在垄断经营模式下，经营权成了稀缺资源，并且利润丰厚。这样，掌握这种稀缺资源的出租车公司为了保有既得利益，不惜冒违法的风险进行"寻租"活动，而政府部门和相关官员则依仗权力违法设租、寻租，致使出租车经营权市场的"寻租"活动愈演愈烈，市场资源配置效率低下，社会资源浪费和财富受损。因此，只有明晰出租车经营权市场的产权关系，理清经营权市场主体之间的权责利关系，才能改变政府的这种不当管制，从而打破经营权的垄断经营模式，提高市场资源的配置效率。

---

① 曾繁华、程金亮、陈曦：《城市出租车经营权市场产权分析》，《中南财经政法大学学报》2011年第5期，第20-25页。

（三）明晰出租车经营权市场产权关系有利于协调行业利益主体的关系

我国出租车市场的一个突出矛盾即行业利益分配不均衡。在出租车经营权垄断经营模式下，出租车公司凭借从政府那里获得的稀缺的经营权资源，并依靠政府严格的准入限制和总量限制，获取高额的垄断利润，而出租车司机则为了"份儿钱"，每天不堪重负，沦为现代"骆驼祥子"。由于政府严格的管制政策，经营权成了稀缺资源，并且利润丰厚。这样，掌握这种稀缺资源的出租车公司为了保有既得利益，不惜花代价进行"寻租"活动，而政府部门和相关官员则依仗权力违法设租、寻租，致使出租车经营权市场"寻租"严重，利益分配畸形。

同时，在垄断经营模式下，严格的准入限制和总量限制政策致使出租车市场供需结构失衡，"黑车"充斥，在市场利润空间一定的条件下，"黑车"的增多挤占了合法出租车司机的合法利润。在这样一种利益分配机制下，出租车公司获取高额的垄断利润，出租车司机则背负着沉重的"份儿钱"包袱，生活在出租车公司、"黑车"和消费者三层利益夹板中。出租车市场的这种利益分配机制"亏了国家，富了公司，苦了司机，坑了消费者"，必然导致出租车市场矛盾尖锐，行业利益主体关系恶化。出租车市场利益分配不均衡，行业利益主体关系恶化，其根本原因是出租车经营权市场产权关系模糊，市场主体权责利关系混乱。因此，解决出租车行业的利益矛盾，协调行业利益的主体关系，必然要求明晰出租车经营权市场的产权关系，理顺市场主体的权责利关系。

第三节　"互联网＋"思维对传统出租车经营权配置的冲击及其分析

随着近年互联网技术的快速发展，互联网技术迅速渗入各行各业。出租车行业由于行业本身的诟病，存在市民打车难、司机收入降低、出租车公司被视为"暴利寄生虫"、政府管制难等问题，一直备受争议。在互联网技术的推动下，各网约车平台如雨后春笋般迅速崛起。相对于传统出租车而言，网约车叫车方便、服务态度好、收费低廉、信息公开透明，满足了消费者的多样化需求，并且对政府而言其监管成本较低，更能适应市场的需求，因而一时间迅速占领市场，对传统出租车行业形成了不小的冲击。

"互联网+"思维下城市出租车经营权行业监管模式研究
——以市场产权理论为基础

2010年以来,以"优步"为代表的网约车以互联网技术为基础,打造了全新的出租车营运方式。2014年,"滴滴"凭借其雄厚的资本、优惠的价格和丰厚的利润,迅速吸引了大量的从业车辆和消费者,成为国内各大城市具有影响力的叫车平台。从2014年下半年开始,各类网约车迅速发展,这些网络用车平台凭借其优质的服务、低廉的运价、方便的叫车方式和舒适的乘车环境优势迅速占领了全国各主要中心城市的出行市场。

以武汉市为例,据不完全统计,截至2017年7月,武汉市网约车注册数量接近40万,活跃车辆约6万辆,这给武汉市区的巡游出租车带来了巨大的冲击。[①] 网约车的数量快速、大量增长抢占了传统出租车市场,传统出租车运营里程减少,司机收入受到极大冲击,双方矛盾尖锐。

一、打破了传统出租车行业的经营权垄断局面,形成新的平台垄断

传统出租车市场由于经营权的特许制,只有一些大的出租车公司才有可能获得出租车经营权,而市场主体只有在获得出租车经营权后才能从事出租车运营。因此,在传统出租车市场上经营权成了一种稀缺资源,具有高额的价值。出租车司机要想进入出租车市场要么挂靠在出租车公司下或承包出租车经营权进行运营,并交纳巨额的"份儿钱",如"北京模式",要么通过拍卖的形式以高昂的价格获得经营权进行运营,如"温州模式",造成出租车经营权事实上的垄断。出租车行业进入门槛高,成本巨大。而出租车公司则凭借其获得的经营权坐收高额利润。网约车进入后,打破了这种垄断,任何市场主体想从事出租车运营,只需下载一个App,注册、登录即可等待接单进行出租车运营,其成本低廉,操作便利。不过,随着近几年大型平台的不断壮大,网约车市场逐渐被几家大型打车平台所占领,形成了一种新型的垄断。

二、抢占传统出租车出行市场,挤压了传统出租车行业的生存空间

传统出租车市场积重难返,高峰时期出租车数量供给不足,乘客打车难、等车时间长,打车成本高;司机服务态度恶劣,经常出现挑客、拒载现象。互联网和大数据的运用,改变了传统出租车巡游为主的运营方式和招手即停的打车方式,司机和乘客可以通过互联网平台提前对出租车进行预约,乘客增加了打车机会,减少了等车时间,有效地节约了出行的时间成本,司机也可根据自己的行驶路线挑选优质客户,减少空载率。网约车以其便利的打车

[①] 符平、李敏:《平台经济模式的发展与合法性建构:以武汉市网约车为例》,《社会科学》2019年第1期,第76-87页。

方式、优质的服务和低廉的价格越来越被市场所认可和接受，并逐渐抢占了传统出租车出行市场，致使传统出租车司机收入降低，生存空间不断被挤压。据统计，2014年全国客运出租车客运总量为406.06亿人次，运营里程1 618.11亿千米，平均载客人数1.96人/车次，空驶率31.2%[①]；而2015年全国客运出租车客运总量为396.74亿人次，运营里程1 602.42亿千米，平均载客人数1.94人/车次，空驶率32.0%，相比于2014年，客运总量和运营里程分别降低了2.3%和1.0%，空驶率提高了0.8%[②]。受疫情和网约车的冲击，2021年全国巡游出租车客运总量仅为266.90亿人次[③]。

三、改变了传统出租车行业的固化定价机制

传统出租车行业由于各种原因不得不实行价格管制，这种价格管制弊端极多，不仅极大地影响了出租车行业的健康发展，而且极大地影响了出租车的社会服务功能，使城市在通勤高峰时段出现了出租车供给满足不了需求、低收入社区和城市边缘地区少有出租车光顾等现象。互联网和大数据技术运用到出租车行业后，在大数据和互联网的支持下，网约车可以根据具体需求对运价进行动态、灵活的调整，上下班打车高峰时，运价费率自动上浮，以此来吸引更多车辆提供运营服务，同时压制一些打车需求，对于城市边缘地区，平台可以下调费率以减少运营车辆和吸引打车乘客，从而使出租车运力在时间和空间的配置上更加合理。

[①] 交通运输部：《2014年交通运输行业发展统计公报》，2015年4月30日，http://www.gov.cn/xinwen/2015-04/30/content_2855735.htm，访问日期：2018年3月22日。

[②] 交通运输部：《2015年交通运输行业发展统计公报》，2016年5月6日，https://xxgk.mot.gov.cn/2020/jigou/zhghs/202006/t20200630_3319677.html，访问日期：2018年3月22日。

[③] 交通运输部：《2021年交通运输行业发展统计公报》，2022年5月25日，http://www.gov.cn/shuju/2022-05/25/content_5692174.htm，访问日期：2022年10月22日。

第五章　国内城市出租车经营权转让与经营模式比较分析

在出租车经营权市场上，不同的经营模式所涉及的市场产权关系也是不相同的，而出租车经营权市场的产权关系往往反映为各种不同的出租车经营模式。出租车经营权市场经营模式实质上是对政府、出租车公司和出租车司机之间责权利关系的描述。因此，对出租车经营权市场产权关系的分析必须基于对出租车经营模式的分析。

第一节　城市出租车经营权转让与经营模式及其比较分析

一、城市出租车经营权经营模式概述

（一）出租车经营权经营模式的界定

所谓经营模式是企业根据战略目标和经营宗旨，为实现一定的价值定位而采取的某一类方式方法的总称。经营模式是企业对市场做出反应的一种范式。出租车经营权市场经营模式是指出租车经营权的运营模式，是出租车企业对出租车市场做出的一种反应，其规定了出租车经营权在出租车公司和出租车司机之间的运作方式，以及各市场主体之间的权利和义务。因此，出租车经营权市场经营模式实质上是对出租车经营权市场主体之间的权责利关系的描述，不同的经营模式是对出租车公司和出租车司机之间不同的产权关系的体现，并反映了出租车企业不同的资源组合方式。

（二）城市出租车经营权经营模式的发展演变

我国大中城市的出租车行业发端于 20 世纪 30 年代，而该行业真正步入

发展轨道是在 20 世纪 70 年代末。从 20 世纪 70 年代至今，我国城市出租车经营权市场经营模式经历了以下几个发展阶段：

1. 计划体制下的经营模式阶段

新中国成立初期至 20 世纪 70 年代中期，我国城市出租车行业尚处于起始阶段，出租车数量少，出租车企业独占市场、独家经营，出租车经营基本上处于独家垄断状态。由于当时国家的指令性计划经济体制，出租车企业主要依附于国家，企业的主要任务就是管好车、带好人，完成上级下达的任务，既无市场竞争对手，又无须负担市场盈亏，企业基本无经营管理。直到 20 世纪 70 年代后期，我国出租车行业有了一定的发展之后，才打破了企业独家经营的局面。这一时期，企业的领导也开始重视企业的经营管理，并结合前人的企业管理经验和当时市场情况，率先试行了"超额计奖制"，即对超额劳动成果实行奖励制度。[①] 但由于这种制度规定的奖金是定制的，因此其对提高出租车司机积极性的力度较弱，市场调节较为乏力。

2. 联营、承包经营模式阶段

20 世纪 80 年代中期，随着改革开放政策的深入执行，企业被推向市场，出租车行业也出现了繁荣发展的景象，出租车需求迅速增长。这时，在"多家经营，统一管理"方针的指引下，出租车行业打破了企业垄断经营的局面，出现了企业、个体一起上的多家经营的新形势。为适应这一新形势的发展要求，我国出租车行业在这一时期也相应出现了以联营、承包经营为主的多种经营模式。

3. 经营模式不断完善、健全阶段

进入 20 世纪 90 年代，随着我国社会主义市场经济体制的建立，出租车市场机制也逐步形成和完善。这一时期，我国出租车市场出现的经营模式主要有挂靠经营模式和承包经营模式等。20 世纪 90 年代以后，出租车行业得到了极大的发展，随着出租车行业的不断发展和社会的不断进步，以及出租车经营管理体制的不断改革，我国城市出租车经营权市场逐渐探索出了承包经营模式、挂靠经营模式等多种经营模式，出租车经营权市场经营模式处于不断完善、健全的阶段。具体来说，我国出租车经营权市场主要存在完全公司化经营模式（公车公营模式）、承包经营模式、挂靠经营模式和个体经营模式四种经营模式。

（三）城市出租车经营权经营模式的分类

出租车经营权市场经营模式实质上是对出租车经营权市场主体之间权责

---

① 柴宝亭：《我国出租车经营模式分析》，《汽车与安全》2013 年第 8 期，第 48-53 页。

利关系的描述，不同的经营模式，体现了出租车公司和出租车司机不同的权责利关系。因此，根据出租车公司和出租车司机在经营权、投资主体和管理权三个方面的不同，我们可以将我国城市出租车经营权市场主要经营模式分为四种，即完全公司化经营模式（公车公营模式）、承包经营模式、挂靠经营模式和个体经营模式[①]。

在完全公司化经营模式下，投资主体为公司，公司拥有出租车市场的经营权和管理权，司机是公司的员工，与公司签订合法的劳动合同，属于纯粹的雇佣关系，司机按时上班，公司按月发放固定工资及奖励，并为其办理社会保险。与完全公司化经营模式相反，在个体经营模式下，投资主体是个人，经营权、管理权都属于个人，实行独立运营，自负盈亏。在承包经营模式中，投资主体是司机个人，而经营权和管理权则收归公司，公司通过各种名目繁多的收费，剥夺司机作为投资者的权益。司机与公司之间不仅是一种劳动雇佣关系，更是一种承包合同关系，司机要向公司定期交纳一定的承包费（"份儿钱"）。挂靠经营模式是指司机个人投资购买车辆，并拥有经营权，但其必须挂靠某一公司，以公司的名义才能从事营运。司机定期向挂靠公司交纳一定的服务费，出租车公司则为车主提供代缴各种税费、组织相关培训、协助开展车辆年检等服务。在这种模式下，投资主体是司机个人，经营权属于个人，而管理权属于公司。出租车经营权市场经营模式按经营权、投资主体和管理权分类如图5-1所示。

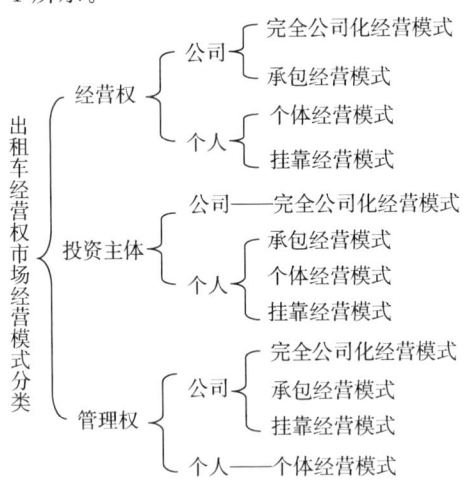

图 5-1　出租车经营权市场经营模式分类示意图

---

① 武欣：《城市出租汽车发展相关问题研究》，硕士学位论文，西南交通大学，2008。

从图 5-1 我们可以看出，完全公司化经营模式的投资主体是公司，经营权和管理权属于公司；而个体经营模式恰好与之相反，其投资主体是个人，经营权和管理权都属于个人；承包模式的投资主体是个人，而经营权和管理权则属于公司；挂靠模式的投资主体是个人，经营权属于个人，而管理权属于公司。

二、城市出租车经营权的主要经营模式

我国城市出租车经营权市场上形成的经营模式主要有完全公司化经营模式、承包经营模式、挂靠经营模式和个体经营模式。根据出租车经营权在经营过程中是否有公司加入作为中间层，我们又可以将前三种模式统称为公司经营模式。

（一）完全公司化经营模式

1. 完全公司化经营模式概述

完全公司化经营模式又叫公车公营模式。公车公营与计划经济体制下的"国营"无任何联系，只是沿用了计划经济体制下国营公共交通企业的一个专用名词，是出租车经营权市场的一种经营模式。完全公司化经营模式是指出租车公司按照现代企业制度的要求出资购买运营车辆并获得运营许可证，公司作为实际运营者，通过雇佣司机来提供运输服务。在这种经营模式中，投资主体是公司，车辆产权、经营权和管理权都归公司所有，司机是公司的员工，与公司签订合法的劳动合同，公司按月发放固定工资及奖励。

完全公司化经营模式十分重视人和制度。在这种模式的管理理念里，人（司机）是公司最重要的资源，是公司的管理之本，制度是公司的管理之法，人能使公司存在，制度能使公司发展壮大。人和制度是公司的两把永恒的管理利剑，企业的一切管理矛盾源于人和制度，只有在完善的制度体系中才能真正做到尊重人性，才能真正解决人与制度的矛盾[1]。具体来说，完全公司化经营模式的运作方式如图 5-2 所示。

---

[1] 王克健：《长沙市出租车企业管理模式研究》，硕士学位论文，中南大学，2006。

[图示:完全公司化经营模式的运作方式,包含出租车公司与司机之间的关系,涉及人本管理、劳动用工合同、制度管理等要素]

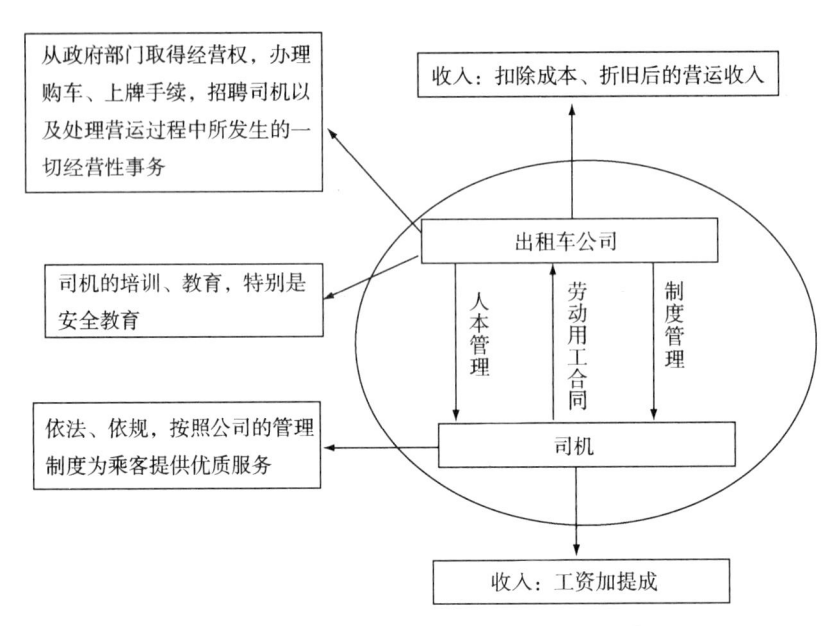

图 5-2 完全公司化经营模式的运作方式示意图

在中国,最具典型意义的完全公司化经营模式是上海出租车经营模式。在上海,出租车司机是一种职业,公司买车并办理相关营运手续,司机受聘于公司,按时上班,并按时拿聘用工资,公司为其办理"三金",并支付主管部门的费用。公司与司机只签订劳动合同,二者之间是一种纯粹的雇佣关系,实行的是上班制,司机按时上班,取得固定的底薪并按营业收入取得提成。

2. 完全公司化经营模式的特征

第一,员工式管理。完全公司化经营模式最典型、最根本的特征就是"员工式管理"。出租车公司与出租车司机签订的是劳动用工合同,二者之间属于纯粹的雇佣关系。出租车公司按照现代企业制度的要求出资购买运营车辆并获得运营许可证,公司作为实际运营者,通过雇佣司机来提供运输服务。司机是公司的真正员工,按时上班,公司按月发放固定工资及其奖励,并为其办理社会保险。运营过程中所发生的车辆的维修、保养、加油、交通事故处理、投诉处理、收车检车等都由公司统一办理。出租车公司与司机之间的利益是一致的,即通过为广大乘客提供优质服务而获取高额的利润。

第二,出租车公司之间竞争激烈。在完全公司化经营模式下,出租车公司之间为保障自身利益,继续保有经营权,最大限度地吸引消费者和素质高的司机,而进行着激烈的竞争。出租车公司要不断提高服务质量和效率,改进服务方式和管理方式，争创名牌企业，实现规模经营，才能在竞争中胜出。

第三，就业门槛较低。完全公司化经营模式的就业门槛较低，可以为社会提供较多的就业机会，但与此同时，较低的就业门槛带来了许多的社会问题。

（二）承包经营模式

出租车经营权市场最为普遍的一种经营模式是承包经营模式，即由出租车公司出资购买车辆、办理各种营运手续，车辆产权和经营权均由公司所有，或者车辆由司机个人购买，车辆产权属司机个人所有，但经营权仍属于出租车公司，承租人通过承包租赁的方式开展自主经营，并向出租车公司交纳一定的承包费、经营权使用费等费用（即通常所说的"份儿钱"）。在现实运营中，承包经营模式通常表现为以下两种形式：

第一，出租车公司在获得出租车经营权后，出资购买车辆，并办理各种营运手续，车辆产权和经营权都归公司所有，公司通过与司机签订相关合同，将车辆承包给司机经营，司机通过交纳"风险抵押金"和承包金以及一定的税费获得营运资格，并从事出租车营运。

第二，出租车公司在获得经营权后，将其租给司机，车辆由司机个人全额出资购买，车辆产权属于司机，司机通过向出租车公司交纳一定的经营权使用费和其他税费获得经营权，并从事出租车营运。或者车辆由司机个人全额出资购买，但出租车公司通过各种形式将车辆产权收归公司所有，而司机作为真正的车辆投资者却不享有产权，只能通过交纳承包金的形式获得营运资格。

在这种经营模式下，出租车公司与司机之间既是劳动雇佣关系还是一种承包关系，司机要向公司定期交纳高额的承包费和其他税费（"份儿钱"）。公司和司机之间的产权关系模糊，车辆产权和经营权属于公司，而实际的投资者却是出租车司机，致使双方都认为自己是投资方，从而激化了双方的矛盾。同时，在这种模式的实际运营中，公司和司机相互制约，司机依赖公司的经营权才能实现营运，而公司则依赖司机的驾驶技能影响市场运营效率和服务质量。

北京出租车经营模式是承包经营模式的典型代表。1994年，北京市政府为加强行业管理，开始对出租车行业实行差别化的准入政策，鼓励公司经营而限制个体经营。在这一政策的激励下，一些企事业单位如北京铁路局、旅游局、商贸局等相继投资组建出租车公司，并从政府部门获得出租车经营权。司机则投资购买车辆，并承担所有营运费用，按月向公司交纳 800～1 500 元的管理费用。1996 年，北京市为了纠正出租车公司向司机变相"卖车"的问题，要求公司回购所有由司机出资购买的车辆，使车辆产权又重新回到了公司手中。这样，出租车公司获得了车辆产权和出租车的经营权，司机以承包经营的模式运营。这种经营模式一直延续至今，并成为北京出租车的主流经营模式。这种模式相继被我国大多数城市所采用，目前我国约 85％的城市采用的出租车经营模式与北京模式相似。

（三）挂靠经营模式

在我国出租车行业发展初期，挂靠经营模式在许多城市都曾出现过，现今的一些小城市仍然实行这种经营模式。挂靠经营模式是指出租车车辆由司机个人购买，车辆产权和经营权归司机个人所有，但司机必须挂靠某一公司，使用公司的营运许可证以公司的名义才能从事营运。车主定期向挂靠公司交纳一定的服务费，出租车公司主要为车主提供代缴各种税费、组织相关培训、协助开展车辆年检等服务。在经营期内，司机拥有车辆产权，一切经营费用都由司机自己承担，并按月向公司和国家上交管理费和各项税收。在这种模式下，司机与公司形成了挂靠关系，司机独自承担购车款、营运证使用费以及税费等，自主经营，自负盈亏；被挂靠的出租车公司每月向司机收取固定的管理服务费。在此种经营模式下，出租车公司每月只能收取固定的服务费用，因此公司的积极性不高。为了达到利益最大化，同时为了转嫁经营风险和政策风险，20 世纪 90 年代中期以后，一些中小城市的出租车公司又逐步推行买断模式，即由公司出资购买车辆，然后公司再将车辆（一般要加价）转卖给司机（或司机全额投资购车），司机拿公司的许可证运营，公司从中牟取高额的利润。在买断挂靠模式下，车辆产权和运营许可证所有权实现了分离，车辆产权属于司机，而运营许可证所有权则属于挂靠公司，司机挂靠于公司，以公司名义从事营运，并按月交纳一定的管理费用，公司只负责提供代缴税费等服务，营运过程中发生的其他费用及工作一律由司机个人负责。由于这种模式下司机与公司之间的关系只是一种较为松散的管理挂靠关系，因此，相对于前两种模式而言，这种模式下的司机与公司之间的矛盾也相对较为缓和。但在挂靠经营模式下，司机的利益容易受到政策变动的影响，因而也极易引发矛盾，2004年武汉出租车女司机自残事件[①]就是一个例证。同时，在现实运营中，这种模式也经常会出现出租车公司凭借其掌握的运营许可证所有权和对车辆的登记权，将本该属于司机的车辆所有权据为己有，从而导致车辆产权模糊，存在"谁出资，谁所有"和"谁登记，谁所有"的矛盾。

"挂靠"作为一种特殊的经营模式，在我国许多出租车市场发展尚不够成熟的城市仍占有较大的比例。如：在苏州的出租车经营中，此种经营模式占总量的82%；在南昌，此种模式约占30%；在武汉，有近80%的出租车实行挂靠经营和买断经营。[②]

虽然这种经营模式在出租车市场发展初期有一定的合理性，但其本身也有很大的缺陷：一是出租车公司拥有的只是所谓的由政府赋予的"管理服务权"，关心的只是按经营合同收取的定额管理费，出租车公司的收入与其经营业绩完全脱钩，因此容易出现以服务代管理的现象，公司管理疲软，客观上导致公司丧失了应有的自主经营和管理功能。二是在产权关系方面，这种模式的产权关系模糊。在这种模式下，司机必须挂靠在公司的名下，利用公司的名义才能从事运营，公司拥有运营许可证所有权；而在司机看来，实行"挂靠"经营，车辆是自己买的，经营权有偿使用费是自己一次性出的，经营权应当归自己所有，这使得出租车公司与司机（承包人）之间在车辆产权上，存在"谁出资，谁所有"与"谁登记，谁所有"的矛盾。三是在效益动机方面，挂靠人的负担很重，责任和风险较大，过量的工作极易导致司机的疲劳驾驶，且司机的劳动权益得不到保障，因而不利于服务水平的提高。四是在单车营运成本方面，营运证使用费、税费和购车款等都要由挂靠人承担，且要向公司上交挂靠管理费和风险保证金，这使得企业的经营风险完全转嫁到了司机身上，司机的运营成本增高。因此，这种模式不能作为我国城市出租车经营模式的主流发展方向。

（四）个体经营模式

个体经营模式即由司机个人自行购买车辆，自己直接到政府工商管理部门申办营运许可证、个体营业执照、税务登记等相关手续，然后进入市场从

[①] 杨文敏、夏宏强：《放松管制下公用事业的市场化：由出租车事件引起的思考》，《重庆工学院学报》2006年第10期，第49-52页。

[②] 凌显峰：《城市出租车经营模式分析及其适应性评价》，硕士学位论文，吉林大学，2010。

事营运。在这种模式下,出租车车辆产权、客运经营权、营运许可证所有权均归个人所有,司机或车主是完全意义上的市场主体,以个体为单位开展运营,承担全部的市场风险,依法纳税并自负盈亏,管理部门直接面对众多的经营个体。在个体经营模式下,经营权、车辆产权、运营权实现了统一,产权清晰,权责明确,这种模式与出租车单兵作战、灵活多变的运作特点相适应,既保护了司机的合法权益,又提高了出租车行业的效率。一般来说,出租车个体经营模式可分为以下两种形式:

一是,原来出租车经营权指标行政审批制下的一次性买断经营。司机以高价一次性从出租车公司那里买下车辆的所有权和经营权,每月向公司交纳少量管理费和各种税费、保险费等。

二是,通过公开拍卖新增出租车经营权指标和以低于市场价的价格把指标出售给车主个人,实现出租车产权和经营权的统一。

在个体经营模式中,"温州模式"全国闻名。1998年,温州市政府出台的《温州市区出租汽车客运经营权有偿使用暂行办法》明确规定,"新增出租汽车客运经营权通过公开拍卖竞买有偿获得"。

三、城市出租车经营权经营模式比较分析

从目前我国出租车经营权市场的情况来看,我国许多大中城市同时具备四种经营模式,但承包经营模式较为普遍。这四种模式各有利弊,它们相互融合,取长补短。

(一)个体经营模式与公司经营模式比较分析

个体经营模式由于实现了经营权、车辆产权、运营权三权的统一,产权清晰,权责明确,能较好地解决司机与公司之间的利益纠纷,同时这种模式符合出租车单兵作战、灵活多变的运作特点,因此从理论上讲这种经营模式符合出租车行业的运营特点。相比于公司经营模式,这种模式有自身的优越性。如,中国社会科学院的研究报告认为,出租车业最适合个体经营,因为驾驶出租车属于个体劳动性质,而且这个行业不需要高新技术投入,也不需要巨额资金的运作。从经济学的角度来看,出租汽车公司没有任何存在价值,因为所有的税费都来自司机,而政府收到的税金比公司收入少得多,只要方法得当,出租汽车行业完全可以个体化。中国社会科学院工业经济研究所的专家认为,把牌照发给个人更有利于管理,出租车市场最终应自由进入,形

成同业工会。把牌照发给个人,司机本人会更加重视安全,也会更加自律,出租车公司没有存在的理由。

但是,这种模式也有其自身的缺陷,表现在以下几方面:

第一,从管理的高效性来看,在个体经营模式中,管理部门直接面对众多经营个体,管理覆盖面宽,不利于统一管理,管理难以到位,因而这种经营模式对政府监管部门的管理水平要求较高。

第二,从规模效益和品牌效益来看,个体经营的服务质量好坏与个体收入多少没有太大的关联性,对于服务质量的好坏缺乏后续的奖惩机制,因此司机也就没有了提高服务质量的内在动力。相比于公司的规模经济效应和追求品牌效益,这种经营模式的规模效应和品牌效益缺乏。

第三,从运营成本来看,个体经营模式由于没有公司的介入,也就不用交"份儿钱",不但可以有效地避免公司对司机收取过多费用,还能够降低出租车的价格,使市民直接享受到实惠。但由于个体经营模式下个体经营者不但要负担车辆购置费,还要支付经营权有偿使用费,而经营权通常是通过拍卖等方式获得的,容易造成出租车经营权价格被哄抬,这就要求经营者要实现个体经营必须具有大额启动资金,一般经营者难以承受如此高昂的成本。

因此,要实现个体经营模式的有效运行,必须具备以下条件:第一,经营市场具有健全的服务质量监管制度、保险制度和税收制度等。管理部门要对司机的服务质量进行考核,包括服务态度、运营安全等;对违法行为进行有效的处罚,如吊销经营权等;对出现重大交通事故的司机,要有必要的惩罚制度;同时,要建立起一系列相应的保险制度和税收制度。第二,经营者个人具有大额的启动资金。由于经营权是有偿使用的,个体经营者要实现运营不但要负担车辆购置费,还要支付经营权有偿使用费,这就要求经营者必须具有大额的启动资金。第三,要形成强有力的同行工会或协会。由于个人经营不利于统一管理,后勤服务质量得不到有效的保障,因此应该建立一个机构健全、运转有效的出租车协会。出租车协会可以发挥以下四种功能:一是服务功能,为个人经营者提供法律、经济和后勤等方面的服务,减轻经营者的负担,保障行业服务质量;二是协调功能,协调协会会员内部和外部的关系;三是桥梁纽带功能,落实政府的政策、法规在经营者中的执行,同时要将经营者的意见和呼声及时向政府及有关部门反映;四是监督功能,监督司机是否执行政府的政策法规,维护政策、法规的严肃性。同行工会或协会能有效促进出租车个体经营方式的持续、健康发展。例如，在英国伦敦，出租汽车驾驶员都是个体经营者，他们之中2/3的人使用自己的汽车，其余的人使用租来的汽车。英国政府十分重视对出租汽车的经营和管理，除了对驾驶员有严格、科学的考核制度以外，还十分注重发挥出租车协会的作用。有效的私人经营方式使伦敦出租汽车行业的服务质量名列世界前茅，出租汽车服务质量堪称世界一流。

总体来说，个体经营模式与公司经营模式存在以下几方面的不同：第一，个体经营模式无中间环节，公司制经营模式有中间环节。第二，公司的实力强，抗风险能力强，能提供更好的后勤服务，便于统一管理；而个体经营模式单兵作战，流动性大，不利于管理，个体提供服务的能力也差。第三，个体司机承担的风险大，自主经营，自负盈亏，而公司司机承担的风险责任小于个体司机。第四，公司司机需要交纳"份儿钱"，个体司机不需要。第五，在公司制经营模式下，公司对司机有培训机制，个体经营模式则没有。[1]

（二）完全公司化经营模式与承包经营模式和挂靠经营模式比较分析

完全公司化经营模式的一个最基本特征就是车辆产权、经营权和管理权都归公司所有，公司拥有完全的产权与经营权，司机是公司的员工，与公司签订合法的劳动合同，二者之间属于纯粹的雇佣关系。公司按月向司机发放固定工资及奖励，并为司机购买社会保险，公司承担经营权运营过程中的一切事务，并对安全和营运等方面进行管理。相比于承包经营模式和挂靠经营模式，完全公司化经营模式具有以下几个优点。

第一，产权清晰，权责明确，有利于调整出租车公司和司机的关系。公车公营经营模式下，出租车公司拥有完全的产权和经营权，并负责经营权运营过程中的一切事务，承担经营权运营过程中的风险，司机根据自己的营运业绩按月从出租车公司领取固定的工资及奖励。因而，这种经营模式有利于公司与司机之间关系的协调，保证了行业的稳定性。

第二，产权清晰，权责明确，有利于加强公司对车辆的管理和调控。在这种经营模式下，公司拥有完全的车辆产权和经营权，因而公司对车辆和司机的调控能力较强，对出租车的管理能落到实处，有利于行业和社会的稳定。

---

[1] 葛宏伟、王炜、陈学武、李志鹏：《城市客运出租汽车经营管理模式研究》，《现代城市研究》2008年第10期，第63-66页。

第三，规范的企业用工制度有利于保护司机的劳动权益。与承包经营模式和挂靠经营模式不同，公车公营经营模式实行规范的劳动用工制度，司机与公司签订合法的劳动合同，司机受雇于出租车公司，按时上班，到点将出租车和收入交于公司，司机按一定比例从收入中提成，或者按照合同规定领取工资，此时的司机已类似于产业工人，公司为司机办理社会保险，有利于司机权益的保护和司机整体素质的提高。

第四，规范的现代企业管理制度不仅有利于规模效应和品牌效益的发展，进而有利于整个出租车行业的健康发展，而且能对优化城市客运交通系统产生有利影响。规范的现代企业管理制度使得公司千方百计地发展规模效益，降低车辆营运成本，并通过努力提高服务质量，创建品牌出租车企业以赢得在出租车经营权市场上的主动竞争地位。

但完全公司化经营模式也有它的弊端，即营运成本较高，因而完全公司化经营模式的实现首先必须有资金雄厚的大型财团加入，在这种情况下极易形成市场垄断；其次，完全公司化经营模式的实现还需要有良好的经济成本回收环境支撑。

总起来说，相对于承包经营模式和挂靠经营模式，完全公司化经营模式存在的问题较少，且社会形象好，将会成为我国城市出租车经营权市场经营模式的主流发展方向。继上海实行公车公营模式之后，苏州、无锡、杭州等城市也纷纷效仿并逐渐推行这种经营模式。

(三) 承包经营模式与挂靠经营模式比较分析

承包经营模式和挂靠经营模式都是公司制经营模式的一种。在这两种经营模式下，出租车产权关系模糊，车辆产权、经营权及营运许可证所有权相互分离，司机作为市场运营的主体承担着经营权运营的成本和风险，压力大，负担重，处于经营权运营利益链条的弱势地位，而出租车公司则坐收渔利，这种不平衡的利益分配机制极易引发出租车公司和出租车司机之间的纠纷。目前，我国大中城市频频发生的出租车行业罢运、停驶事件正是由于这两种经营模式的弊端所致。可以说，这两种经营模式都是不成熟的经营模式。

具体来说，二者的不同之处主要表现为：

第一，承担的责任不一样。在挂靠经营模式下，购车款、营运证使用费、税费、燃油费等运营成本都由挂靠人承担，相应的风险也转嫁到了挂靠人身上。而出租汽车公司只是根据政府赋予的所谓"管理服务权"，对挂靠人进行管理和服务，其关心的只是按经营合同收取的定额管理费。车辆产权和经营权归出租车司机所有，使得出租车公司的自主经营和管理能力减弱，客观上使公司丧失了应有的基本功能，管理疲软，出租汽车公司名存实亡。许多出租汽车公司虽然表面上有一定的规模，但根本没有实现规模经营，甚至还有相当多的公司在事实上成为没有出租车的出租汽车公司。而在承包经营模式下，司机与出租车公司既是一种劳动关系，更是一种承包关系，二者依据承包合同共同承担经营权运营成本和运营风险。一般而言，公司总是通过各种形式（包括"份儿钱"等）将高额的运营成本和风险转嫁给出租车司机，导致司机利益受损，使司机成为利益分配链条中的弱者。

第二，管理关系不一样。在挂靠经营模式下，司机和公司之间只是一种简单的管理挂靠关系，二者之间的关系较为松散；而在承包经营模式下，司机和公司之间是一种承包加劳动的关系，二者之间的关系相对来说较为紧密。

第三，表现形式不一样。在挂靠经营模式下，出租车公司以收取管理服务费的形式获取利润；而在承包经营模式下，出租车公司则是以收取"份儿钱"（经营权使用费、管理费等费用）的形式获取高额利润。

第二节　典型城市出租车经营权经营模式实证比较分析

一、典型城市出租车经营权经营模式实证分析

由于出租车行业的发展现状和政府监管情况的不同，目前我国各大中城市出租车经营权市场经营模式中最具典型意义的经营模式主要有以下三种。

（一）北京模式

北京模式强调出租车行业的公司化和集团化。经营模式主要有两种：一是公司承租经营，由出租车公司出资购买车辆、办理营运证与纳税等各种营运手续，出租车公司享有出租车经营权和所有权，而司机则通过交纳承包费的方式取得出租车的使用权和收益权。在北京，此种经营模式占主导地位。二是个体经营，由出租车司机个人出资购买车辆，办理各种营运手续，并进行税费缴纳等，这种经营模式充分体现了"谁投资，谁所有，谁投资，谁受

益"的市场经济规则，但采取此种经营模式的出租车仅有1 000多辆。我们通常所说的北京模式即第一种经营模式——公司承租经营。

在起步阶段，北京市粗放地放开市场，致使出租车行业过快、过热发展，出租车经营权成为人们竞相争夺的稀缺资源。为加强行业管理，北京市政府于1994年开始对出租车行业实行鼓励公司化经营而限制个体经营的政策。在这一背景下，一些企事业单位如北京铁路局、商贸局、旅游局等纷纷投资组建出租车公司。这样，出租车公司凭借政府的准入政策从政府部门获得了出租车经营权并形成垄断，而司机则投资购买车辆，并承担所有的营运费用，通过按月向公司交纳800～1 500元不等的管理费用来取得出租车运营资格。为了纠正出租车公司向司机变相"卖车"的问题，1996年，北京市政府又要求公司回购所有由司机出资购买的车辆，使车辆产权回到公司手中，司机以承包经营的模式运营，这种模式延续至今，并成为北京市出租车的主流经营模式。在这种模式下，出租车公司与出租车司机之间存在双重关系，即承包关系和劳动关系，出租车司机为了取得出租车的运营权通常要交纳高昂的"风险抵押金""保证金"或"承包金"。

目前，我国85%以上的出租车经营模式都以北京模式为蓝本。

（二）上海模式

上海出租车经营权市场经营模式主要有两种：完全公司化经营模式与个体经营模式。我们所说的上海模式通常就是指完全公司化经营模式或公车公营模式。

在这种经营模式下，出租车公司从政府部门取得经营权，购买车辆，办理各种运营手续。公司与司机签订劳动合同，二者之间是一种纯粹的雇佣关系，实行的是上班制，司机按时上班，取得固定的底薪并按营业收入取得提成。公司要管理好日常运营，提供好后勤服务，维护好企业的品牌形象。由于这种模式实现了出租车公司车辆产权、经营权、投资主体和管理权的统一，公司和司机之间的权责利关系明确，二者之间的矛盾减少；同时，规范的现代企业管理制度也有利于规模效应和品牌效益的形成。这一模式相继被无锡、苏州、杭州等地效仿。在这种模式下，司机与公司之间是单纯的雇佣关系，公司因良好的服务水平和安全卫生水平赢得了更多的经济效益和社会效益，司机则通过自己的服务取得相应的工资报酬，并受到公司的约束和激励，减少了二者之间的矛盾和摩擦。在这种模式下，公司为了取得更好的经济效益会自觉地维护企业形象，更易形成品牌经营。品牌经营是上海出租车行业的一大特色，市民出行乘坐出租车会挑选自己所钟爱的公司的车辆，这在全国是独树一帜的。[①]

（三）温州模式

温州是我国最先在出租车行业尝试使用个体化经营模式的。温州的出租车经营模式也有两种：个体经营模式和公司经营模式。公司经营模式是指产权公有，公司规模化经营。温州市出租车经营权市场经营模式主要以个体经营模式为主，1998年以来，温州市的出租车总量一直控制在3300辆左右，其中，3287辆归于个人所有，比例高达98.8%[②]，且经营权长期有效，并可以继承、转让。因此，我们所谓的温州模式即个体经营模式，是由司机个人自行购买车辆，自己直接到政府工商管理部门申办营运许可证、个体营业执照、税务登记等相关手续，然后进入市场从事营运，出租车车辆产权与客运经营权、营运许可证所有权均归个人所有，司机或车主是完全意义上的市场主体，以个体为单位开展运营，承担全部的市场风险，依法纳税并自负盈亏，管理部门直接面对众多的经营个体。

1998年10月，温州市政府出台了《温州市区出租汽车客运经营权有偿使用暂行办法》，办法明确规定，"出租汽车客运经营权一律实行有偿使用"，"新增出租汽车客运经营权通过公开拍卖竞买有偿获得"。此外，根据当时的市场需求，为顺利实施经营权的有偿使用，温州市政府又适时地以68.08万元的均价公开拍卖了300辆市区出租车的经营权[③]，从而第一次实现了出租车经营权、产权和运营权的统一。为解决原有出租车经营权不明晰的问题，1999年温州市政府又出台了《关于妥善解决市区部分出租客运汽车经营权证问题的通知》，政府通过收取3万元有偿使用金的方式将经营权出售给车主个人，从而彻底解决了温州市区出租车的产权问题。

---

① 杨帆：《我国出租车行业当前的经营监管模式及其未来发展思路的思考》，《城市》2007年第11期，第46-50页。

② 金立鹏：《出租车经营权层层转包，司机利润被压榨》，《南都周刊》，2009年8月11日，https://news.sina.com.cn/c/sd/2009-08-11/111618410724_2.shtml?from=wap，访问日期：2018年3月22日。

③ 任晓：《管制放松：租金再分配与管制绩效提高——对温州市出租车经营权拍卖案例的分析》，《中共浙江省委党校学报》2008年第5期，第76-80页。

二、典型城市出租车经营权经营模式比较分析

(一) 北京模式与上海模式比较

虽然北京模式与上海模式的具体运行方式不同,但是二者都属于公司制经营模式,共性较大。具体来说,二者之间的异同表现在以下几个方面:

第一,两种模式下司机与公司之间的关系不同。在上海模式下,司机与公司之间仅仅是纯粹的劳动雇佣关系,出租车公司从政府部门取得经营权、购买车辆、办理各种运营手续,拥有完全的产权和经营权,并负责经营权运营过程中的一切事务,承担经营权运营过程中的风险;而司机作为公司的员工则根据自己的营运业绩按月从出租车公司领取固定的工资及奖励。但是,在北京模式下,司机与公司则不仅仅是劳动关系,更是承租关系,司机每月要向公司交纳数额高昂的"份儿钱",二者共同承担经营权运营过程中的市场风险(公司往往通过各种方式变相地将风险转嫁给司机,实质上大部分或全部风险由司机承担),司机的压力非常大。

第二,两种模式的管理程度不同。北京模式缺乏对司机的管理培训,采取的方式是以卖代管、以包代管,处于收取管理费的初级管理阶段。而上海模式的管理则较为成熟,出租车司机作为公司的员工,享受公司的"四险"(养老保险、医疗保险、失业保险、工伤保险)、"一金"(住房公积金),并接受相应的安全和质量培训教育。

第三,两种模式的产权关系不同。在上海模式下,出租车公司拥有完全的产权、经营权和管理权等,并作为经营主体享受相应权利,承担相应责任,较好地实现了权责利的统一。而在北京模式下,公司拥有车辆的产权和经营权,但在实际运营中,司机为了获得出租车的营运资格被迫交纳高昂的"份儿钱",变相地成了投资主体。司机作为实际的投资者却享受不到相应的投资主体权利,司机与公司的产权关系模糊,我国一些大中城市出租车行业发生罢运事件与这不无关系。

第四,两种模式由于都是公司制经营模式,因此都存在一个中间管理层——公司。公司的存在增加了经营成本,这一成本实际上主要由出租车司机来承担,这无疑加重了司机的负担。同时,公司化的经营加上政府的管制极易诱发"寻租"行为,促使公司利用不正当手段去俘获政府提出的对自己有利的政策,或者提高门槛阻止进入者。二者的公司化管理控制了市场资源,使行业的经营权成为稀缺资源,公司凭借垄断经营权获得垄断利润。

（二）温州模式的利弊分析

温州模式是一种个体经营模式，即由司机个人自行购买车辆，自己直接到政府工商管理部门申办营运许可证、个体营业执照、税务登记等相关手续，然后进入市场从事营运。出租车车辆产权与客运经营权、营运许可证所有权均归个人所有，司机或车主是完全意义上的市场主体，以个体为单位开展运营，承担全部的市场风险，依法纳税并自负盈亏，管理部门直接面对众多的经营个体。温州模式的最大特点就是减少了出租车公司这一管理环节，政府监管部门直接面对众多的出租车司机或车主，真正地实现了个体化，承认了司机或车主的实际投资者和经营主体地位，司机或车主是完全意义上的市场主体，具有完全的车辆产权、经营权和运营权，独立运营并承担全部市场风险，产权清晰，权责明确，司机负担轻，较好地解决了司机与公司之间的利益纠纷。具体来说，温州模式具有以下优点：

第一，个体经营模式产权清晰，权责明确。温州模式实现了车辆产权、经营权和运营权的统一，司机或车主作为完全的市场主体，独立运营并承担相应的风险。经营权市场产权关系清晰，权责明确。

第二，个体经营模式节省了营运的成本，减轻了司机的负担。与北京模式和上海模式不同，温州模式是一种个体经营模式，政府监管部门直接面对众多出租车司机或车主，减少了出租车公司这一管理环节，也就降低了管理费用，减轻了司机的成本负担。

第三，新增出租车经营权采用公开拍卖竞价的方式，显化了经营权的价值，实现了市场机制对出租车行业的调整作用。新增出租车的客运经营权通过公开拍卖竞价的方式授予，经营权的市场交易价格可以有效地反映市场的供求关系，通过价值规律和市场机制的作用对出租车行业自发地做出调整。

第四，新增出租车经营权采用公开拍卖竞价方式可以有效地避免"寻租"行为。公开竞价的拍卖方式，可以使所有有意进入出租车行业的个人或者企业站在相同的起点上竞争，可以避免利益集团通过游说管理机构进行"寻租"来达到取得特许经营权的目的，同时可以避免利益集团通过"寻租"行为限制他人进入市场进行竞争。

但温州模式也有缺陷，表现如下：

第一，致使行业监管难度加大。个体经营模式中不存在公司这一中间环节，管理部门直接面对的是众多经营个体，管理面较宽，而法律、法规无法做到覆盖交易和运营的每一个环节。法律、法规的盲处将会导致行业管理部门对自主经营行为的干涉过多,或者因管理依据不足而造成管理不力。这种经营模式对政府监管部门的管理水平要求较高。

第二,不利于行业服务质量的提高。个体经营与公司经营不一样,公司更容易实现规模效益,更重视品牌经营,因此,个体经营不利于行业整体服务水平的提高。

第三,容易造成经营权价格被哄抬。在温州模式下,经营权实行的是有偿使用,并且经营权的出让是通过公开拍卖竞价的方式实现的,容易导致经营权价格被哄抬。如,2004年,温州市出租车经营权的价格就一度被哄抬到129万元。这虽能说明行业存在高额垄断利润,但高涨的经营权价格在挤压垄断利润空间的同时,也使出租车司机的经营成本大增,司机可能会以降低服务质量来弥补成本的提高。[1]

---

[1] 杨帆:《我国出租车行业当前的经营监管模式及其未来发展思路思考》,《城市》2007年第11期,第46-50页。

第六章　国外典型城市出租车经营权经营模式和行业监管模式比较与借鉴

第一节　英国模式

英国政府十分重视对出租车的经营、运营和管理,对出租车司机和出租车的管理有一套行之有效的办法。现以英国首都伦敦为例,剖析英国政府对出租车的经营管理模式。

在英国伦敦,出租车司机都是个体经营者,他们之中三分之二的人使用自己的汽车,其余的人使用租来的汽车。政府经过多次、严格的考试和审查,才将营业牌照发放给申请者,并且严格禁止出租车营运证照的转让。伦敦的出租车已有300多年的历史,但政府对出租车的管制却由来已久。早在1635年,由于伦敦和威斯敏斯特的出租马车堵塞城市交通,这两个城市开始限制出租马车的数量以解决交通拥堵问题。随着20世纪70年代管制改革运动的不断发展,英国理论界针对出租车行业的管制展开了广泛的争论。

支持管制的学者认为,对出租车行业实施价格管制和进入限制是必要的。首先,在出租车市场自由进入的情况下,在市场价格机制下,出租车供给价格没有显示出租车运营所产生的社会成本,导致出租车行业过度竞争,引发了道路拥堵和空气污染等负外部效应。其次,在出租车市场中,由于消费者信息的不对称,其无法同时比较不同出租车的服务质量,以及出租车市场需求的相对稳定性,出租车市场缺乏降价的压力,市场价格竞争失灵,价格水平居高不下。为了降低出租车行业所带来的负外部效应和降低出租车市场的价格,政府应该对出租车行业进行价格管制和进入限制。而反对管制的学者则认为,在出租车市场上,自由的市场竞争机制可以产生有效的价格;同时,

第六章　国外典型城市出租车经营权经营模式和行业监管模式比较与借鉴

政府管制部门会存在管制失灵，管制部门无法获得完全的市场信息，导致无法达到预期的管制目标。除此之外，政府管制还会因为寻租行为形成新的管制垄断。

对于是否需要管制的问题，虽然英国理论界争论不断，但在实际的政策选择中，英国政府采取了折中的态度。英国政府并非完全放弃了对出租车行业的管制，而是调整了管制政策，在逐步放松对出租车行业价格和数量管制的基础上，加强了对出租车行业的质量和安全管理。资料显示，截至2002年，英国有95%的地区实行了价格管制，45%的地区实施了出租车数量限制。[①] 现以伦敦为例，伦敦政府对出租车行业的安全和质量管理主要表现在以下方面。

第一，严格的出租车司机执业要求。在伦敦，申请做一名出租车司机必须通过一系列严格的考核和审查，包括年龄、性格、驾驶能力、医疗救护资格和路线选择技巧（著名的知识考试）等。具体来说就是，出租车司机的年龄要求在21岁以上；性格必须诚实可靠；医疗救助资格至少包括要能处理癫痫、糖尿病、心脏病等各种症状；而驾驶能力除了要求有一定条件的执照外，还得比一般司机具备更好的能力。

其中，"伦敦知识"考试非常严格。只有经过了严格的个人审查和体检，证明无犯罪记录、身体健康的申请者方能获得一份伦敦地图和内有468条行车路线的"蓝本"。申请者必须熟记这些行车路线经过的街区，记住伦敦400多家医院和诊所的名称、位置和外观，还要熟悉众多的银行、公司、酒店和各种办事机构。除此之外，出租车司机要能够以最快的速度找出两地之间距离最短的路线，以节省乘客的时间和金钱。伦敦有10所专门培养出租车司机的学校，在校学习的学生近4000人。但是，由于考试严格得近乎苛刻，每次都有约70%的应试者被淘汰。[②]

第二，强化的出租车日常监管。伦敦出租车的日常监管十分严格。在伦敦，负责监管出租车的官员每季度都要对全市的出租车进行一次检查，每年进行一次全面、严格的检查，要求出租车的发动机不能有一点锈斑、车身光洁、无凹痕、无擦伤掉漆现象。如若发现出租车满是尘土，负责的官员会立即对其进行全面检查，司机还要支付检查费。[③]

---

① 陈明艺：《国外出租车市场规制研究综述及其启示》，《外国经济管理》2006年第8期，第41-48页。
② 周家高：《英国出租车的经营和管理》，《城市公用事业》2002年第5期，第41-42页。
③ 同上。

第三，差别化的出租车经营区域。伦敦交通管理当局把伦敦划分为16个区域，不同的出租车划定不同的经营区域。少数司机在通过一系列严格的考核和审查之后，将得到伦敦交通管理局发的一枚徽章。徽章分为绿、黄两种颜色。持绿徽章者可以去伦敦城内的任何地点拉客，持黄徽章者只能在某一个固定区域内载客。

第四，严格的出租车司机协会管理。伦敦的出租车管理部门是出租车司机协会。该协会的章程规定，伦敦市内路程不超过10千米的乘客，司机不得拒载。乘客，特别是残疾人在路旁招手呼车，司机不得无故不停，否则将受到严厉的处罚。乘客如对出租车的服务不满意，可以到市警察局专门设置的机构投诉。对查有实据者，会吊销执照作为处罚，被吊销执照的司机多数是由于多次违反交通规则或多次拒载乘客。[①]

正是由于英国政府有着严格的考核制度和科学的管理方式，才保证了出租车司机的高素质和优质服务，使伦敦出租车司机成为国外游客观察英国的窗口，并为英国带来了良好的声誉。

第二节 美国模式

在美国，虽然私人汽车相当普遍，但出租车仍比比皆是，车行对"的士"司机的管理十分严格，司机第一次拒载罚款250美元，第二次罚款500美元，第三次就会被吊销执照。通常，司机在一年内如果连续接收两张罚单，就得被解雇。[②] 具体来说，美国模式的特点主要表现在以下三个方面。

第一，在出租车经营模式上，美国各城市对出租车经营模式是公司经营模式还是个人经营模式多数没有进行特别限制，出租车经营者以小规模的经营者为主，多为小型公司和个体经营者，如在纽约，个人或公司都可以申请经营出租车。出租车企业的组织形式主要有两类：一是股份不公开发行的闭锁型公司或家族企业，二是个体营业者或合伙。

第二，在出租车行业的管制上，美国出租车行业的管制可以说经历了从完全市场竞争—政府规制—解除规制—再规制的历程。20世纪70年代以来，

---

① 汪文忠：《伦敦、纽约、东京三大城市出租车投诉机制分析》，《交通与运输》2015年第1期，第40-42页。
② 蒋忠平：《外国都市的出租汽车》，《交通与运输》2003年第5期，第31页。

第六章　国外典型城市出租车经营权经营模式和行业监管模式比较与借鉴

美国逐步放松了对出租车行业的管制，包括数量和租价规制。据调查，1979—1984 年，美国有 16 个城市实质性地放松了进入限制，17 个城市放松了价格管制。[①] 但是，解除管制的效果并不理想。1987 年 Teal 和 Berglund 考察了上述城市解除管制后的出租车市场，发现管制解除以后，出租车市场并未像支持解除管制的学者所预期的那样，实现行业规模趋于扩大，价格趋于下降，回应时间缩短，服务质量与安全水平有所提高。因此，在 Teal 和 Berglund 理论的指导下，从 20 世纪 80 年代中期至 20 世纪 90 年代初期，美国一些原先解除管制的城市又陆续重新开始实施管制，主要为限制进入管制和设定价格上限的价格管制。从美国对出租车行业的管制历程我们可以看出，是否需要管制并非一概而论，解除管制也并非解决出租车市场问题的万能钥匙，政府应根据出租车市场的具体发展情况而不断采取新的管制措施，找到实现有效管制的途径。以纽约为例，纽约出租车行业受州或市政当局的管制，主要体现为三个方面。

首先，牌照数量管制。牌照数量管制旨在限制出租车或出租车经营者的数量。纽约存在黄色的士营运证和个体出租车营运证两种营运证。并且在符合发证规定的前提下，营运证允许续期。黄色的士营运证可转让，个体出租车营运证不得转让，但如果营运证持有人属于一个拥有 10 辆联营车的持证"集团"，则"集团"营运证可转让。据 1983 年美国对 103 个城市（5 万人口以上）的调查显示：30% 的城市将出租车数量限制在某个固定的范围内；9% 的城市按照出租车数量和人口数的固定比例将出租车数量限制在某个固定范围内；9% 的城市按照特许经营的方式发放牌照，向经营者收取特许费用（如洛杉矶）；17% 的城市没有牌照数量控制，仅规定最低服务标准（如首都华盛顿）。[②]

其次，费率管制。费率管制在有些地方表现为管制当局规定最高或最低费率，更多的地方则实行固定费率。

最后，质量和安全管制。实行质量和安全管制是为了确保出租车的服务和安全水平达到法律规定的标准。纽约的法律规定，用来做出租车的汽车必须是全新的，并且要求 5 年即换新车，而对那些没有固定人员驾驶的出租车，

[①] 陈明艺：《国外出租车市场规制研究综述及其启示》，《外国经济与管理》2006 年第 8 期，第 41-48 页。

[②] 同上。

则规定过 3 年就需换新车。① 纽约出租车和轿车委员会对纽约出租车行业进行宏观调控，制定出租车行业规范、服务标准，指定车型，并负责保险和申请牌照申请，等等。

随着社会的发展，美国这种严格管制的方式逐渐发生改变。首先，取消了数量限制，规定了入行标准。入行标准包括司机和车辆须符合安全标准、司机须通过背景审查、有符合要求的责任保险等，另须缴纳 102 美元的申请费。此外，美国政府还将最低费率管制改为最高费率管制，经营者可以根据市场需求制定多元化的价格。最高费率管制允许经营者在最高价之下进行价格竞争，同时，最高价格对消费者具有保护作用。②

管制方式的改变使得出租车和经营者的数量均有所增加，出租车经营者的数量从 26 家增加到 74 家。出租车服务水平也有所提升，电话约车的平均等候时间从放松前的 45 分钟缩短为 20 分钟，出租车的平均费率也比放松管制前下降了 7%。此外，巡游服务也给消费者带来了方便。③

第三，出租车司机拥有完善的利益表达机制。美国模式除了政府管制的不断改变之外，另一个突出特点即出租车司机拥有完善的利益表达机制。在纽约，出租车司机组建了纽约出租车司机联合会，出租车司机联合会的重要的职责就是当出租车司机遭遇不平等待遇时，联合会将以其整体实力来维护出租车司机的正当权益。

第三节　日本模式

在日本，虽然私家车已经普及，但是出租车仍是城市居民不可或缺的公共交通工具。日本的出租车行业一直以良好的服务和干净舒适的乘车环境而闻名。受成本增加、经营环境恶化等的影响，日本出租车行业驾驶员的收入水平低于社会平均收入水平，就业吸引力持续走低，但由于机制合理，日本的出租车行业仍然保持相对稳定。具体来说，日本出租车行业管理机制的特点主要表现在以下几方面。

---

① 谢丽娜：《城市出租车行业运营机制改革法律问题研究》，硕士学位论文，暨南大学，2010，第 17 页。
② 蒋忠平：《外国都市的出租汽车》，《交通与运输》2003 年第 5 期，第 31 页。
③ 同上。

第六章　国外典型城市出租车经营权经营模式和行业监管模式比较与借鉴

第一，管理方式独特。日本各地政府不设专门管理出租汽车的机构和人员，各地的出租车行业统归国家国土交通省（相当于我国的交通部）直接管理。在日本，出租车运营的唯一指导性法规为国土交通省制定和颁布的《出租车业务正当化特别措施法》。根据该法，经国土交通省认可成立的第三方机构，如东京旅客乘用车协会和财团法人东京出租车中心等，负责出租车登记、管理和培训等有关事务，并全面指导、规范和监管东京出租车行业。第三方机构的出现为政府部门与出租车企业之间构建起有效的缓冲带。同时，日本出租汽车按照1951年制定的《道路运送法》的有关规定，实行区域管理，车辆不得跨区经营。

第二，公司经营和个体经营并存。日本的出租车经营模式有公司经营和个体经营两种。东京大街小巷跑着5万多辆出租车，其中4万多辆分属各出租汽车公司，1万多辆是个人经营。[①] 日本出租车公司实行的是真正意义上的"公车公营"。公司提供车辆，并负责车辆的维修、保养、燃油等。同时，公司为司机购买各种社会保险，司机按照公司的规定上下班，并将一天的营运收入上交，二者之间是纯粹的劳动雇佣关系，产权关系明确。而个体出租车则由司机自主经营，自负盈亏，但东京对个体经营的车主规定了较高的准入条件，如连续开出租车10年以上，不出安全事故等，还要通过严格的考试。

第三，准入资格要求严格。在1995—2001年期间，由于日本对出租车数量实施总量控制政策，出租汽车总数基本维持在25.6万辆左右。2002年8月废止总量控制政策后，2002年至2007年，日本全国的出租汽车增加了1.7万辆。[②] 市场的放开使得从业企业发展过度以及车辆增长过快，市场供大于求，竞争激烈，以致驾驶员收入下降、道路拥堵等各种问题相继出现。因此，2008年日本政府管理部门又开始重新研究恢复总量控制政策的可行性，并提高行业准入条件。在日本，出租车司机除了拥有普通的驾照之外，还必须考取专门的驾驶许可证。这种驾照的考取除了需要通过交规学科考试和技能考试以外，还要接受"地理测试"。此外，日本对司机的驾驶经验还有要求，必须要有至少3年以上的驾驶经验。所以，日本出租车司机以中老年人为主是其主要特征。而个人经营出租车的准入条件更高。个人经营实行一人一车制，要求司机的年龄65岁以下，要通过法律规定的从业资格考试，并拥有10年以上的出租车驾驶经历，且过去3年无任何交通违章和刑事违法记录。由此

[①] 钟展：《出租车行业特许经营权问题研究》，硕士学位论文，中南大学，2009。
[②] 马斐：《日本出租汽车行业简介》，《交通与运输》2009年第2期，第62—64页。

可见，日本对出租车从业资格的要求相当严格，其根本思路是限制发展。

第四，运价多样化。虽然日本出租汽车运价由政府部门规定，但运价结构复杂。起步价从 630 日元到 710 日元共 9 种，在此范围内企业可自行设定。企业也可设定低于下限 630 日元的运价，但必须提出申请，经批准后方可实施。[①]

第四节　小　结

从国外典型城市出租车经营权市场经营模式的实践来看，这些国家都强调了政府对出租车牌照的管理，通过限制牌照的发放达到控制出租车总量的目标，而且都加强了对出租车行业准入资格的管制，强化了对司机职业资格的要求，同时都较为重视行业协会对出租车行业发展的重要作用。具体来说，有以下几点经验我们可以借鉴。

第一，强化的行业准入资格和安全质量管制。在英国伦敦，要成为一名司机，必须通过一系列严格的考核和审查，其中包括严格的"伦敦知识"考试。同时，为了保证出租车服务的安全质量，司机还要接受强化的出租车日常监管。严格的司机准入资格限制可谓英国出租车行业的一大特色。与此相同，美国、日本也有着较为严格的准入标准。如，纽约的法律规定，用来做出租车的汽车必须是全新的，并且要求 5 年即换新车，而对那些没有固定人员驾驶的出租车，则规定过 3 年就需换新车。纽约市出租车和轿车委员会对纽约出租车行业进行宏观调控，制定出租车行业规范和服务标准，指定车型，并负责保险和申请牌照等工作。而在日本，出租车司机除了要拿到专门的驾照之外，还需要有至少 3 年以上的驾驶经验，所以在日本当出租车司机的最低年龄是 21 岁。日本个人经营出租车的准入条件更高，实行一人一车制，要求司机的年龄在 65 岁以下，通过专门的职业考试，并有在出租汽车公司服务 10 年以上的驾驶经历，且过去 3 年无交通违章和刑事违法记录。

第二，放松对个体进入的限制。从以上西方各国的出租车管制历史我们可以看出，出租车个体经营模式放松管制，在健全的质量安全管制下，符合条件的驾驶员都可以获取出租车经营许可证。如，在英国伦敦，个体经营是主导模式，伦敦的大部分出租车驾驶员拥有出租车经营许可证，可以从事个

---

① 马斐：《日本出租汽车行业简介》，《交通与运输》2009 年第 2 期，第 62-64 页。

体经营。在市场力量的调节下,美国的出租车经营者也以小规模经营者为主,多为小型公司和个体经营者,如在纽约,个人或公司都可以申请经营出租车。在健全的质量安全规制下,这些国家的个体经营和公司经营之间没有明显的质量差异。

第三,重视行业协会的重要作用。伦敦的出租车管理部门即出租车司机协会。出租车司机协会对出租车司机有着严格的管理规定。该协会的章程规定,凡是伦敦市内路程不超过 10 千米的乘客,司机不得拒载。乘客,特别是残疾人在路旁招手呼车,司机不得无故不停,否则将受到严厉的处罚。乘客如对出租车的服务不满意,可以到市警察局专门设置的机构投诉。正是由于出租车司机协会的严格管理,才会有伦敦出租车司机的高素质和优质服务。而在纽约,出租车协会是出租车司机合法权益的保护者。在纽约,出租车司机组建了纽约出租车司机联合会,其重要职责就是利用整个行业工会的力量来保护出租车司机的权益。

第七章 创新城市出租车行业监管模式

出租车作为城市公共交通工具的补充，随着经济的发展和城市现代化进程的加快，在城市客运交通中占有越来越重要的地位。但近几年，随着互联网思维的融入，网络约车平台兴起，网约车逐渐占领了城市出租车的部分出行市场，网约车与传统出租车之间的竞争日益加剧，出租车行业内部矛盾不断激化，罢运、停驶事件时有发生。这一系列矛盾的激起，除了网络约车平台带来的冲击之外，从深层次上暴露了目前中国出租车经营权市场产权关系混乱、市场产权边界不清、市场主体权责利关系模糊的问题。为此，在这样一种背景下，加强出租车经营权市场管理，理顺经营权市场的产权关系，明确界定经营权市场产权的边界，明晰经营权市场各主体的权责利关系，从而提高出租车经营权的行业监管绩效就成了亟待解决的问题。这就要求我们必须理顺行业管理体制，明确各方权利、义务边界；健全出租车经营权市场经营模式和出让机制，明确政府、企业和出租车司机之间的权利、义务边界；规范出租车经营权市场监管机制，明确政府和企业之间的权利、义务边界；协调好出租车经营权市场的利益关系，明确政府、企业、出租车司机和乘客四者之间的权利、义务边界。

第一节 理顺行业管理体制

一、明确政府管理职责

城市公共道路是一种公共资源，建立在城市公共道路基础上的出租车经营权市场也是一种公共资源，具有"公共产权"性质，通行"谁投资谁所有，谁投资谁受益"的原则。根据这一原则，政府作为城市出租车经营权市场的投资者自然就成了出租车经营权市场的产权主体,并享有一定的收益权和处分权。在出租车经营权市场上,作为出租车行业和市场的管理人,政府的权利和责任边界是通过一定的方式(有偿出让等)将出租车经营权出让给有能力经营的企业,实现有限资源的合理配置,并监督经营者在为社会提供高质量服务的同时获取适当的经营利润。政府的职责不在于选择具体的经营模式和市场运行方式,而在于设计有效的制度环境,促使市场选择更有效率的经营模式。只有市场更有效率地运行,才能实现社会福利的最大化。

因此,在出租车行业的管理方面,政府的职责在于根据市场情况制定适当的政策、法规,从而营造有效、合理的制度环境;从整体上调控出租车的供需均衡;控制、审定进入市场的经营主体的资质;监管市场秩序,惩处违法行为。政府应从主导式、全面负责式的管制方式逐步转变为引导式、监管式的服务方式。

同时,政府部门对出租车行业的总量管制应基于对出租车总量的指导性规划。在实际运作中,政府部门的主要职责在于:第一,发布出租车市场供需情况的预测信息,以供准备进入该行业的从业者参考;第二,制定合理的出租车准入制度等,为从业者提供良好的公共平台;第三,定期收集出租车市场的各种信息,以供业内人士决策参考。

二、健全出租车行业的法律、法规体系

近年来,为了加强对出租车行业的管理,从中央到地方都制定了一些法律、法规,这些法律、法规的实施促进了出租车行业的健康发展,对维护社会稳定也发挥了一定的作用。但这些政策、法规的局限性也很明显,如阶段性特征较明显,缺乏长期性和连续性,因而未能从根本上解决出租车行业存在的种种问题。因此,从长远来看,要解决出租车行业存在的各种问题,促使出租车行业健康发展,一个重要方面就是逐步完善出租车行业立法,健全行业法律、法规体系。

1985年以来,政府部门先后出台了20多个出租车管理办法、规范,如《城市出租汽车管理暂行办法》(1988年)、《出租汽车、旅游汽车客运管理规定》(1990年)、《出租汽车客运服务规范(试行)》(1993年)、《城市出租汽车管理办法》(1998年)、《客运出租汽车运营定价成本监审办法》(2006年)等。虽然这些管理办法在一定程度上促进了当时出租车市场的健康发展,但随着新的现实问题的出现,这些办法、规范的许多内容早已不能适应现实的需要,无法解决许多现实问题。因此,尽快、及时地对国家、地方的出租车

法规、政策进行全面的清理、修改就显得极为迫切。

2014年，网络约租车的出现不仅打破了传统出租车市场上的行业垄断，也对出租车管理体制改革提出了要求。为应对网约车的快速发展，2014年9月，交通运输部颁布并实施了《出租汽车经营服务管理规定》，2016年又对此管理规定进行了修改，颁布并实施了《巡游出租汽车经营服务管理规定》。自此，我国出租汽车管理制度基本完善，出租汽车管理体制进入了新阶段。该规定指出"出租车汽车是城市综合交通运输体系的组成部门，是城市公共交通的补充"，"优先发展城市公共交通，适度发展出租汽车"。同时，为了更好地规范网约车的发展，2016年7月交通运输部等七部委联合发布了《网络预约出租汽车经营服务管理暂行办法》，第一次承认了网约车的合法地位，并使其运营和管理有规可循。随后，全国各城市纷纷出台了相关管理细则，进一步规范了对网约车的管理。

此外，政府部门还应严格执行相关出租车法律、法规，严厉打击非法运营"黑车"；要严格执行相关出租车法律、法规，进一步规范出租车公司的经营管理行为，严厉处罚出租车公司乱收费等不规范的经营行为，责成问题出租车公司依法为司机缴纳社保。同时，对于"黑车"的非法营运行为，公安交通部门要加大整治力度，营造一个合法、规范、有序的出租车营运环境。

三、建立全国统一的出租车管理部门

2014年之前，我国对城市出租车行业的管理基本上是双头甚至多头管理，管理部门条块分割，管理体制不一。据调查统计，在全国的98万多辆出租车中，由地方交通主管部门负责管理的占全国出租车总数的80.9%，由建设部门主管的占18.9%，由其他部门，如公安、交警、税务、技术监督局等部门主管的占0.9%；在全国344个地级市中，有288个地级市的出租车由交通部门管理，有56个地级市的出租车由建设部门管理，分别占83.7%和16.3%。[①] 管理部门的不统一，再加之整个行业缺乏国家层面的统一的法律、法规的宏观指导，客观上造成了行业管理的混乱，形成无章可循的局面。2014年，网络约租车的出现不仅打破了传统出租车市场上的行业垄断，也对出租车管理体制改革提出了要求。2014年9月交通运输部颁布实施了《出租

---

① 新华网：《出租车行业寻求从三国演义到三位一体》，新浪财经网，2005年10月8日，http://finance.sina.cn/sa/2005-10-08/detail-ikkntiak9588080.d.html？cref=cj，访问日期：2018年3月22日。

汽车经营服务管理规定》，2016年8月交通运输部又对《出租汽车经营服务管理规定》做了修正，其中第六条指出"交通运输部负责指导全国巡游出租汽车管理工作"，同时，"各省、自治区人民政府交通运输主管部门在本级人民政府领导下，负责指导本行政区域内巡游出租汽车管理工作"，"直辖市、设区的市级或者县级交通运输主管部门或者人民政府指定的其他出租汽车行政主管部门在本级人民政府领导下，负责具体实施巡游出租汽车管理"。自此，巡游出租汽车的管理统归交通运输部门，在全国由交通运输部统一负责指导，在地方由交通运输主管部门统一负责。我国传统出租车行业混乱的管理状况得以解决。除了出租车主管部门归交通部门以外，还应明确各部门的管理职能，形成以交通部门管制为主，其他部门在各自职能范围内积极配合的管理体制。

第二节 健全出租车行业营运机制

一、建立更加完善的出租车经营权经营模式

目前，我国城市出租车经营权市场的经营模式主要有四种：完全公司化经营模式、承包经营模式、挂靠经营模式和个体经营模式。四种经营模式是在不同历史条件下产生的，各有优劣，可以说对特定历史条件下的城市发展起到了一定的作用。但总的来说，相对于承包经营模式和挂靠经营模式，完全公司化经营模式和个体经营模式的产权关系明晰、权责利明确，因而其存在的问题较少，社会形象好。

个体经营模式由于实现了经营权、车辆产权、运营权三权的统一，产权清晰，权责明确，能较好地解决司机与公司之间的利益纠纷。这种模式符合出租车单兵作战、灵活多变的运作特点，因而相对于完全公司化经营模式，这种经营模式更符合出租车行业的运营要求。但个体经营模式实行的是个体化经营，管理部门直接面对的是众多经营个体，管理宽度大，不利于统一管理，并且个体经营不利于实现规模经营和品牌效应，不利于现代出租车行业科学的现代企业制度的建立，因此个体经营也有其弊端。

相对于个体经营模式而言，完全公司化经营模式不仅实现了经营权、车辆产权、运营权三权的统一，产权清晰，权责明确，较好地解决了司机与公司之间的利益纠纷，而且还解决了个体经营模式中存在的问题。管理部门面

对的是大型的公司，便于管理，同时公司化经营更容易实现规模经济效益和品牌效益。规范化的现代企业管理制度更符合现代市场经济的要求，更利于促进科学的现代企业制度的建立和促进出租车市场的健康、有序发展。但完全公司化经营模式的运营成本较高，且极易形成市场垄断，因而也并非十全十美。

因此，我们认为，我国城市出租车经营权市场经营模式未来的发展趋势应是规范的公司化经营模式和个体经营模式并存，并逐步取消承包经营模式和挂靠经营模式。规范化的公司经营模式产权清晰，权责明确，较好地解决了司机与公司之间的利益纠纷，同时公司化经营更容易实现规模经济效益和品牌效益。此外，在公司化经营模式下，管理部门面对的是大型的公司，便于管理。规范化的公司经营模式更符合现代市场经济的要求，有助于促进现代企业制度的建立。同时，个体经营实现了经营权、车辆产权、运营权三权的统一，产权清晰，权责明确，并且这种模式具有灵活多变的运作特点，因此，可以作为公司化经营模式的有益补充。针对特定城市，究竟是采用规范化的公司化经营模式还是个体经营模式，抑或是两种模式并存，各城市应结合自身经济社会发展的特定条件以及城市出租车的发展历史来综合确定。

二、规范出租车经营权的出让和转让机制

目前，我国各大城市的出租车经营权出让机制有四种：行政审批制、定额收费制、公开拍卖制和公开招标制。实际上，从理论上讲，我国城市出租车经营权的这四种出让机制又可以分为无偿使用制和有偿使用制。其中，行政审批制属于无偿使用制，而其他三种则属于有偿使用制。近年，部分城市在这四种出让机制的基础上，又衍生出一些混合的出让机制，如服务质量招投标制。

（一）建立科学合理的出租车经营权出让机制

行政审批制作为计划经济的一种产物，本身存在严重的制度缺陷，忽视了政府作为城市道路这种公共资源的代表者所应当享有的权益，从而导致政府与出租车公司之间的权利、义务关系模糊。近年来，随着行政审批制度改革的推进，越来越多的城市放弃了这种传统的审批方式，开始探索有偿使用制度。目前，只有中小城市及北京、上海仍采用经营权无偿使用的行政审批制。很显然，经营权有偿使用制度符合城市出租车经营权自身的发展特点，将会成为我国城市出租车经营权出让机制的发展主流。

第一，经营权有偿使用制度体现了"谁投资谁所有，谁投资谁收益"的原则。城市公共道路、出租车经营权运营的相关设施和制度建设都不是自发形成的，而是由政府花巨大的资金或代价最终建立起来的，因而城市出租车经营权是一种公共资源，这种公共资源的所有者是政府，政府自然应该享有该种资源带来的收益。而经营权有偿使用制度正好体现了"谁投资谁所有，谁投资谁收益"这一原则，是政府公共资源所有权在经济上的实现形式。

第二，经营权有偿使用制度体现了公平竞争原则，避免了腐败现象的产生。行政审批制是各地出租车行政管理机构通过行政审批的方式将经营权无偿划拨给特定的出租车公司，这种制度忽视了经营权的价值，带有很大的任意性，给掌握审批权或接近这种权力的人留下了营私舞弊的空间，从而滋生了政府官员的腐败行为。这也导致了不公平的竞争行为，使一些出租汽车经营指标批给了那些本来并不具有经营资格的企业和个体，一些真正具有出租汽车经营资格的经营者反而得不到出租汽车经营指标。城市出租车经营权公开拍卖制或公开竞价招标制则抑制了这种不公平竞争，凡是符合经营资格的企业和个体均有获取经营权的机会，这就杜绝了"走后门""搞人情"等不公平竞争现象的发生，政府官员也就无法进行"寻租"活动，避免了腐败现象的产生。

第三，经营权有偿使用制度有利于行业服务效率和质量的提高。实行经营权有偿使用制度以后，经营权的获得是有偿的，并构成了出租车企业的内部成本。出租车企业要提高行业利润，只有改进服务，加强内部管理，才能提高行业的服务质量和运营效率。

综上所述，我国城市出租车经营权的出让应实行有偿使用制度，这符合经营权自身的特点。在经营权有偿使用制度里，显然，公开拍卖制和公开招标制比定额收费制具有更大的优越性，其是更为有效的公开竞争、择优选取的遴选机制，并且其在具体运作上也有一套较为成型的程序，相对比较规范，也容易监督。但相比于公开招标制，公开拍卖制仍有许多不足。如，拍卖制仅以标金的高低作为唯一的选择标准，忽略了对竞买者服务质量的要求，并且拍卖制容易导致盲目竞争，致使经营权价格虚高，违背了出租车的公益性目的。而公开招标制则能综合地从服务质量、经营能力等诸多方面对投标人进行综合审查，并且可以避免竞标者盲目竞争而导致的经营权价格虚高。因此，综合比较上述四种机制，公开招标制相对而言是一种较为合适的经营权出让机制，尤其是服务质量招投标制，其是一种既有前瞻性又有现实性的机制，较为适合我国当前的出租车经营权市场。

（二）规范出租车经营权转让机制

由于出租车经营权市场产权问题不明确，缺乏可行的管理和有效法律、法规的制约，目前我国部分城市出租车经营权的私下转让行为极为盛行，且大多数转让行为极不规范。如：部分企业在取得经营权后，为转嫁市场经营风险，往往采取"高额承包"或"一次性买断承包"等方式变相转让经营权；一些个体经营者以路边中介店为交易平台进行私下转让；等等。这些不规范的出租车经营权私下转让行为影响了行业和社会的稳定，给社会和行业埋下了重大的隐患。为此，必须规范出租车经营权市场转让机制，建议如下：

第一，推进企业重组，将挂靠型企业变为实体经营型企业。国办发〔2004〕81号文提出"鼓励经营规范和有一定经济实力的企业通过市场运作、兼并重组等方式扩大规模"[①]。鼓励有一定经济实力的企业通过市场运作的手段进行兼并和重组，变挂靠车辆逐步为公司车辆，逐步规范公司化经营。

第二，实行出租车单班承包方式。出租车经营承包方式实行单班式，不实行单车式。即出租车单车由两人承包，一人一天轮流经营出租车。在该方式下，司机对车辆的管理责任明确，利于司机发挥个人的综合素质，体现"按劳分配"原则，比较符合劳动法的要求，司机的权益比较容易得到保障。实践证明，单车承包的经营方式是出租车私下转让承包权的主要原因，也形成了一批"中间食利"层，损害了驾驶员的利益。

第三节 规范出租车经营权市场监管机制

一、构建科学合理的动态总量控制指标

目前，我国城市出租车市场实行的总量控制政策有一定的合理性，但也存在不少问题，如政策的制定不公开、不透明，缺乏科学性和合理性，导致总量控制政策缺乏群众基础，不易为广大人民所认同。一个城市的出租汽车需求量涉及道路状况、私家车保有量、公交车状况、物价水平、天气状况等多方面的因素，要想得出一个准确的总量控制目标几乎是不可能的。因此，从这一角度来看，我们的目标应是通过加大科技投入，构建相对科学、合理

---

① 国务院办公厅：《关于进一步规范出租汽车行业管理有关问题的通知》，2008年3月28日，http://www.gov.cn/zhuanti/2015-06/13/content_2879019.htm，访问日期：2018年3月22日。

的总量控制指标。这种总量控制指标应是一个动态的数值,并根据社会经济的发展而不断进行调整,为了使这种总量控制指标更有效地实施,应同时建立健全的市场准入机制。

二、制定科学规范的价格管制政策

价格是一种重要的市场自由竞争手段。不当的价格管制违背了市场竞争规则,削弱了出租车公司之间开展竞争的原动力,降低了出租车经营者改进服务的欲望。同时,不当的价格管制制约着消费者的选择,从而造成了无数社会福利的流失。因此,政府不应过度干预出租车市场的价格,而应指导出租车行业进行定价。政府在指导行业进行定价时应综合考虑成本收益原则、成本约束原则及价格水平与经济发展水平相结合原则。虽然出租车行业为城市公用事业,但也应确保经营者的合理利润率,以提高经营者的积极性;同时,在出租车定价上,要充分考虑城市居民的消费能力,并通过各种制度促进企业提高效率、降低成本。

此外,为保证决策过程及信息的民主化、公开化和透明化,确保消费者的合法权益,政府应建立合理的价格听证制度,召开由政府、公司、司机、消费者四方参与的听证会,推行正式听证和非正式听证、事前听证和事后听证相结合的多样化听证形式。

三、加强服务质量和安全监管

(一)转变服务方式,提高行业服务水平

我国传统的出租车服务方式是以"打街"式即巡游式服务为主,这种服务方式虽然灵活性较大,但不利于出租车运营效率的提升,出租车一直在满载和空载之间转换。因此,我国应该尽快转变出租车的服务方式,以"网约"和"电召"为主,辅之以站点候车,减少巡游式服务方式。随着互联网技术的飞速发展,手机等电子设备普及,相比于巡游式服务,"网约"式服务更方便、快捷,成本更低,是信息化交通的体现,可以有效解决巡游式服务带来的运力分配不平衡问题。同时,"网约"和"电召"系统的完善可以对"黑车"起到很大的抑制作用。从世界各国出租车行业的运行情况来看,"电召"和"网约"也是其主要的服务方式。欧美一些国家对司机一般性服务违章的处罚就是暂停几个小时的电召调度。因此,实行出租车"网约"和"电召"服务,是提高安全保障和行业服务管理水平的重要要求。

(二) 加强司机职业资格考核, 提高行业服务质量

出租车司机是出租车行业的运营主体, 出租车司机的自身素质必然会对整个行业的服务质量产生影响。因此, 我国要提升整个出租车行业的服务质量和竞争水平就必须建立严格的执业资格考试制度, 严格审定从业人员的进入资格, 加强对司机的培训和监督管理。在这方面, 我们可以借鉴国外相关城市的先进经验, 制定严格的职业考核标准, 包括个人职业素养和驾驶经验。资格的认定可通过政府或协会组织的考试进行。考试的内容包括城市的历史文化、交通路线、交通法规、语言能力及行为规范等, 各地政府也可以对车辆有自己的要求, 比如颜色、排量等。只有通过考试才能取得出租车经营资格。这样才能促进司机职业技能和道德素养的全面提升, 才能真正提高出租车行业的服务质量, 从而提升城市形象。

(三) 完善政府监督和乘客投诉制度, 强调服务意识

我国要建立健全的政府监督和乘客投诉制度, 加强对从业人员服务质量的管理。我国应建立一整套合理的政府监督制度和乘客投诉制度, 对营运过程中的违法、违章行为, 以及各种欺骗乘客的行为加大处罚力度, 并建立处罚和退出机制, 严厉打击, 甚至可以取消其经营权, 从而营造出租车市场的公平竞争环境。

(四) 建立安全管理制度, 构建安全管理长效机制

我国应建立一整套行之有效的出租车行业安全管理制度, 强化出租车公司的安全管理意识, 树立"安全就是效益"的观念, 通过不断宣传教育强化出租车驾驶员的安全意识, 严格查处出租车违法行为; 应构建以预防为主的安全管理长效机制; 同时, 推进出租车行业安全管理工作的制度化、规范化、标准化。

(五) 组建出租车行业协会, 加强行业自律

出租车行业协会既是规范、约束出租车从业者的机构, 也是联系政府行政管理部门和出租车经营者、从业者之间关系的纽带。因此, 出租车行业协会应当制定行业职业规范和信用管理制度, 以规范其成员的经营行为。同时, 作为政府管理部门和出租车经营者、从业者之间的纽带, 出租车行业协会还应当积极主动向政府有关部门反映协会成员的意见和要求, 依法维护出租汽车经营者和从业人员的合法权益, 并经常就出租车市场经营的相关问题与政府管理部门进行沟通、协调, 共同搞好对出租车市场的管理和服务。

第四节　协调出租车经营权市场主体的利益关系

一、健全企业工会组织和行业协会，搭建互动性的利益表达、沟通机制

在出租车行业中，要保障各方的权益，需要不同利益集团之间公平竞争和博弈。但长期以来，我们并不重视出租车司机的工会组织建设，要么根本就不予批准，要么就是控制在官方之下，出租车司机宛如一盘散沙，致使出租车司机利益没有强有力的团体组织保障。同时，出租车公司与出租车司机进行的是非重复博弈，因此，相对于强大、处于优势地位的出租车公司而言，分散的、处于劣势地位的出租车司机在出租车市场争取自身合法权益时就属于弱势群体。在其他主体侵害其权益的时候，加之利益表达渠道不畅通，致使自身权益难以维护。因此，要维护出租车司机的合法权益，必须建立健全的出租车企业工会组织，解决出租车行业的一次博弈问题，并搭建互动性的利益表达、沟通机制，建立由政府主管部门、出租车公司、行业协会及工会等组成的定期联席会议制度，定期反应司机的利益要求。

我们还应完善出租车行业协会，这样一方面可以加强司机群体和出租车公司间的谈判能力及寻求政府支持的能力，另一方面可以约束出租车司机内部的过度竞争行为，以软化"囚徒困境"问题。

二、制订科学的定价调整方案，建立应对油价变动的长效机制

出租车行业运价的变动与燃油价格以及经济发展密切相关，这就需要出租车行业科学合理地制订运价调整方案。运价调整方案应综合考虑燃油价格的变动、当地出租车的运营成本、当地的物价水平、当地乘客的消费能力等因素，同时照顾出租车公司、司机和乘客三方的利益。因此，可以研究实施油价运价联动政策，搭建油价运价联动机制，建立应对油价变动的长效机制，从而为出租车行业的健康发展创造良好的环境。

三、确定合理的出租车司机"份儿钱"，建立"份儿钱"淡旺季动态协调机制

跟一般季节性行业一样，出租车司机的收入也存在淡旺季的区别，淡季

收入少,旺季收入多。因此,出租车的"份儿钱"在一年中也应该随淡旺季的转换而进行动态调整。为了更准确地反映出租车驾驶员的收入状况,平衡出租车公司与出租车驾驶员之间的利益分配,应建立出租车"份儿钱"淡旺季动态协调机制,以缓解出租车公司和出租车驾驶员之间的利益冲突。

四、大力打击非法"黑车"运营,确保合法出租车的正当收益

"黑车"不需交纳合法出租车所需交纳的各项费用,因此其相对于合法营运出租车来说就有了一定的优势。在营运市场利润空间一定的条件下,"黑车"的出现严重侵蚀了合法营运出租车的收入,损害了合法出租车司机的权益。同时,"黑车"的大量存在也加重了城市有限道路资源的承载力,造成城市交通堵塞,环境污染。因此,应加大力打击"黑车"运营,确保合法出租车的合法收益。首先,要健全法律、法规,加大执法力度。各地方政府应尽快出台治理"黑车"的法律、法规,切实做到有法可依。同时,政府应加大执法力度,设立涉及交通、公安、工商、税务等多家部门在内的联动执法机制。其次,完善城市运营服务。"黑车"之所以屡见不鲜,在一定程度上也是市场的需求。因此,要从根本上整治"黑车",还必须完善城市运营服务机制,优化公交服务。最后,建立完善的社会监督体系。整治"黑车",需要全社会的理解、支持和配合,包括新闻媒体的监督报道和群众的监督投诉等。

后　　记

　　本书源于我在中南财经政法大学经济学院所做的博士学位论文，我的导师曾繁华教授对论文的写作曾给予了珍贵的指导意见，在此表示衷心的感谢！

　　由于忙于教学工作，博士毕业已多年，我虽早有出版意愿，但始终未能抽出时间完成修改并定稿。本书在借鉴前期研究成果的基础上，结合当前出租车市场的变化，对出租车经营权行业的监管模式进行了更加深入、系统的探讨，并拓展了研究范围。具体来说，本书通过梳理我国城市出租车行业的发展历史及行业监管历史，提出城市租车经营权市场产权的核心内容包括出租车经营权市场产权的界定、出租车经营权市场的产权关系、出租车经营权市场产权的界定成本以及市场产权主体的归属等，并认为传统城市出租车经营权配置和经营存在各种问题，基于市场产权理论视角是解决出租车行业问题的思路。近年来，随着科技的快速发展，互联网技术迅速渗透到社会生活的各行各业。本书针对现实情况的变化，对网约车对出租车经营权配置和经营的冲击也进行了探讨。此外，本书剖析了国内外典型城市的出租车经营权市场经营模式，并最终提出了我国城市出租车行业监管模式的创新思路和建议。希望本书的出版能给研究出租车行业监管的同行提供一些借鉴。

　　本书在出版过程中有一点小小的遗憾，受疫情影响，本书在出版的过程中无法进行实地市场调研，致使本书部分数据未能更新为最新数据。

　　任何一本著作的出版都离不开众人的帮助。本书的出版正值疫情期间，我的家人给予了我莫大的支持和鼓励，心怀感激！本书的出版得到了湖北第二师范学院的大力支持，以及各位领导、同人的帮助，在此一并表示感谢！在本书的写作过程中，我参考了大量国内外相关著作和论文，并引用了相关资料。在此，要向那些无私提供资料和案例的学者表示衷心的感谢！

程金亮

2023 年 2 月 14 日于武汉

参考文献

一、中文

[1] 鲍荫民. 简论经营权之渊源 [J]. 中央社会主义学院学报, 1998 (5): 46-47.

[2] 布罗代尔. 15 至 18 世纪的物质文明、经济和资本主义: 第 2 卷 [M]. 顾良, 译. 北京: 三联书店, 1993.

[3] 萨缪尔森, 诺德豪斯. 经济学: 上 [M]. 胡代光, 等, 译. 北京: 北京经济学院出版社, 1996.

[4] 曹钢. 产权经济学新论 [M]. 北京: 经济科学出版社, 2001.

[5] 常修泽. 广义产权论: 中国广领域多权能产权制度研究 [M]. 北京: 中国经济出版社, 2009.

[6] 常修泽, 戈晓宇. 经营权市场论 [J]. 广西社会科学, 1988 (3): 46-54.

[7] 常修泽, 戈晓宇. 产权市场论 [J]. 学术月刊, 1988 (12): 17-21.

[8] 陈明艺. 国外出租车市场规制研究综述及其启示 [J]. 外国经济与管理, 2006 (8): 41-48.

[9] 陈明艺. 出租车数量管制的合理性分析及评估机制研究 [J]. 中国物价, 2006 (8): 45-49

[10] 陈明艺. 进入限制、价格管制与黑车泛滥: 来自北京、上海出租车市场的经验分析 [J]. 山西财经大学学报, 2007 (11): 61-67.

[11] 陈丽, 叶军. 我国出租车行业的民营化改革 [J]. 城市道桥与防洪, 2006 (3): 77-78; 137.

[12] 陈时国. 我国出租车行业存在的问题及其解决对策 [J]. 湖南城市学院学报, 2005 (2): 61-63.

[13] 陈永忠. 市场产权与股权分置改革 [J]. 西南金融, 2006 (2): 47-48.

[14] 陈正. "以市场换技术"的战略相关性:《中国企业技术成长机制及竞争力研究》评介 [J]. 中南财经政法大学学报, 2002 (1): 136-139.

[15] 程赐胜, 刘中, 马振东. 城市出租车管理模式的改革建议 [J]. 综合运

输，2005（3）：35-37.

[16] 程恩富. 西方产权理论评析［M］. 北京：当代中国出版社，1997.

[17] 程金亮，曾繁华. 出租车经营权市场产权界定及其成本分析［J］. 商业时代，2012（30）：114-116.

[18] 程金亮. 出租车经营权市场运行机制及多重博弈模型构建［J］. 湖北工程学院学报，2014（1）：90-94.

[19] 程金亮，曾繁华. 基于经济学视角出租车经营权政府管制效果分析［J］. 科技创业月刊，2013（11）：171-173.

[20] 程金亮. 我国文化市场的产权界定及政府规制分析［J］. 湖北第二师范学院学报，2017（9）：55-59.

[21] 程启智. 内部性与外部性及其政府管制的产权分析［J］. 管理世界，2002（12）：62-68；156.

[22] 褚时健，魏杰. 微观经济运行中枢：市场运行分析［M］. 北京：中国金融出版社，1992.

[23] 李嘉图. 政治经济学及赋税原理［M］. 郭大力，王亚南，译. 北京：商务印书馆，1962.

[24] 诺思. 经济史中的结构与变迁［M］. 陈郁，罗华平，译. 上海：三联书店上海分店，1991.

[25] 史普博. 管制与市场［M］. 余晖，何帆，钱家骏，等，译. 上海：上海人民出版社，1999.

[26] 董彦毅. 西安市出租汽车经营权配置研究［D］. 西安：西北大学，2008.

[27] 杜传忠. 新规制经济学的俘获理论与中国政府规制体制改革［J］. 南通大学学报（社会科学版），2007（5）：45-49.

[28] 冯丽. 城市出租车行业经营模式的政府规制问题［J］. 合作经济与科技，2009（12）：26-27.

[29] 塔洛克. 寻租：对寻租活动的经济学分析［M］. 李政军，译. 成都：西南财经大学出版社，1999.

[30] 葛宏伟，王炜，陈学武，等. 城市客运出租汽车经营管理模式研究［J］. 现代城市研究，2004（10）：63-66.

[31] 郭锐欣，毛亮. 特大城市出租车行业管制效应分析：以北京市为例［J］. 世界经济，2007（2）：75-83.

[32] 郭玉闪. 管制成本与社会公正：透过北京市出租车业看政府管制的失败［C］//北京天则经济研究所. 中国制度变迁的案例研究：第四集. 北京：

中国财政经济出版社，2005.

[33] 韩彪. 出租车市场供给控制 [J]. 数量经济技术经济研究，2001 (2)：121-124.

[34] 侯晓东，曾繁华. 经济增长与供需均衡：基于市场产权理论分析 [J]. 学习与实践，2016 (5)：5-10.

[35] 黄少安. 产权经济学导论 [M]. 北京：经济科学出版社，2004.

[36] 黄燕. 北京市黑出租车问题治理研究 [D]. 北京：对外经济贸易大学，2007.

[37] 胡蓓蓓. "互联网+" 下城市出租车服务模式对比研究：基于出租车服务利润率的测算与分析 [J]. 价格理论与实践，2017 (2)：142-145.

[38] 季奇武. 出租汽车经营管理体制的温州模式 [J]. 综合运输，2004 (11)：21-23.

[39] 姜爱林. 我国城市出租车集体罢运的成因与消弥策略 [J]. 上海城市管理职业技术学院学报，2009 (2)：59-64.

[40] 蒋洪，陈明艺. 我国出租车行业价格管制的必要性及模式选择 [J]. 中国物价，2005 (4)：17-22；16.

[41] 焦玉良. 对市场准入制度的经济学分析 [J]. 改革，2004 (2)：18-22.

[42] 科斯，阿尔钦，诺斯. 财产权利与制度变迁：产权学派与新制度学派译文集 [M]. 刘守英，等，译. 上海：上海人民出版社，1994.

[43] 李彬. 出租车改制中的政府困局 [J]. 决策，2005 (2)：43-45.

[44] 李炳炎. 马克思产权理论创新与我国现代产权制度建设 [J]. 南京理工大学学报（社会科学版），2005 (1)：5-15.

[45] 李锡鹤. 所有权定义形式之比较：与梁慧星先生商榷 [J]. 法学，2001 (7)：24-28.

[46] 李晓峰. 出租车客运市场准入模式的选择 [J]. 综合运输，2005 (3)：31-34.

[47] 梁慧星. 中国物权法研究 [M]. 北京：法律出版社，1998.

[48] 林岗，刘元春. 诺斯与马克思：关于制度的起源和本质的两种解释的比较 [J]. 经济研究，2000 (6)：58-65；78.

[49] 连小超. 浅论出租车行业政府管制的改革 [J]. 华商，2008 (16)：101-102.

[50] 林鸿潮. 对出租车业政府管制政策的若干思考 [J]. 今日中国论坛，2007 (9)：76-78.

[51] 刘大生. 产权基本内容研究 [J]. 唯实, 1999 (Z1): 31-34.

[52] 刘凯强. "互联网+"范式下出租车行业利益博弈及发展路向: 基于合肥市"滴滴打车"影响下的出租车市场调研 [J]. 太原理工大学学报 (社会科学版), 2016 (2): 55-60.

[53] 刘凯湘. 经营权 [M]. 北京: 法律出版社, 1987.

[54] 刘伟. 经济学导论 [M]. 北京: 中国发展出版社, 2002.

[55] 刘伟, 平新乔. 经济体制改革三论: 产权论·均衡论·市场论 [M]. 北京: 北京大学出版社, 1990.

[56] 刘彦, 来建强. 谁操控了京城出租车 [J]. 新闻周刊, 2004 (37): 20-25.

[57] 刘耀霞. 出租车行业利益主体关系研究 [D]. 成都: 西南交通大学, 2008.

[58] 刘哲. 民营化: 出租车行业变革的新视角 [J]. 内蒙古农业大学学报 (社会科学版), 2006 (2): 180-182.

[59] 卢梭. 社会契约论 [M]. 何兆武, 译. 北京: 商务印书馆, 1980.

[60] 鲁贵宝, 曾繁华. 从市场产权视角看我国和谐社会构建 [J]. 经济问题探索, 2007 (4): 15-18.

[61] 卢现祥. 西方新制度经济学 [M]. 北京: 中国发展出版社, 2003.

[62] 卢现祥, 朱巧玲. 论市场的上层组织及其功能 [J]. 财经科学, 2007 (1): 50-58.

[63] 卢现祥. 论产权失灵 [J]. 福建论坛 (经济社会版), 2002 (10): 39-42.

[64] 陆建, 王炜. 城市出租车拥有量确定方法 [J]. 交通运输工程学报, 2004 (1): 92-95.

[65] 科斯. 企业、市场与法律 [M]. 盛洪, 陈郁, 译. 上海: 格致出版社, 上海三联书店, 上海人民出版社, 2009.

[66] 吕红梅. 基于市场产权的国家干预新论 [J]. 江苏商论, 2008 (1): 140-142.

[67] 马克思, 恩格斯. 马克思恩格斯全集: 第一卷 [M]. 中共中央马克思恩格斯列宁斯大林著作编译局, 译. 北京: 人民出版社, 1956.

[68] 马克思, 恩格斯. 马克思恩格斯全集: 第二卷 [M]. 中共中央马克思恩格斯列宁斯大林著作编译局, 译. 北京: 人民出版社, 1957.

[69] 马克思, 恩格斯. 马克思恩格斯全集: 第三卷 [M]. 中共中央马克思恩格斯列宁斯大林著作编译局, 译. 北京: 人民出版社, 1960.

[70] 马克思,恩格斯. 马克思恩格斯全集:第四卷 [M]. 中共中央马克思恩格斯列宁斯大林著作编译局,译. 北京:人民出版社,1958.

[71] 马克思,恩格斯. 马克思恩格斯全集:第二十三卷 [M]. 中共中央马克思恩格斯列宁斯大林著作编译局,译. 北京:人民出版社,1972.

[72] 马克思,恩格斯. 马克思恩格斯全集:第二十五卷 [M]. 中共中央马克思恩格斯列宁斯大林著作编译局,译. 北京:人民出版社,1974.

[73] 马克思,恩格斯. 马克思恩格斯全集:第二十六卷 [M]. 中共中央马克思恩格斯列宁斯大林著作编译局,译. 北京:人民出版社,1974.

[74] 马克思,恩格斯. 马克思恩格斯全集:第四十六卷 [M]. 中共中央马克思恩格斯列宁斯大林著作编译局,译. 北京:人民出版社,1979.

[75] 马克思,恩格斯. 马克思恩格斯全集:第二卷 [M]. 中共中央马克思恩格斯列宁斯大林著作编译局,译. 北京:人民出版社,1995.

[76] 马克思. 资本论:第一卷 [M]. 中共中央马克思恩格斯列宁斯大林著作编译局,译. 北京:人民出版社,1975.

[77] 马克思. 资本论:第三卷 [M]. 中共中央马克思恩格斯列宁斯大林著作编译局,译. 北京:人民出版社,2004.

[78] 奥尔森. 国家的兴衰:经济增长、滞胀和社会僵化 [M]. 李增刚,译. 上海:上海人民出版社,2007.

[79] 奥尔森. 权利与繁荣 [M]. 苏长和,嵇飞,译. 上海:上海世纪出版集团,2005.

[80] 米梓嘉. 互联网约租车对出租车管制制度影响的制度分析:一个新制度经济学的视角 [J]. 中共福建省委党校学报,2016 (11):85-92.

[81] 墨亚兰. 城市出租汽车保有量研究 [D]. 成都:西南交通大学,2007.

[82] 彭万林. 民法学 [M]. 北京:中国政法大学出版社,1994.

[83] 彭云望. 出租车经营许可证的财产权分析 [J]. 行政与法,2003 (11):59-61.

[84] 覃天云. 经营权论 [M]. 成都:四川人民出版社,1992.

[85] 曲振涛,杨恺钧. 规制经济学 [M]. 上海:复旦大学出版社,2006.

[86] 罗宾逊. 不完全竞争经济学 [M]. 陈良璧,译. 北京:商务印书馆,1961.

[87] 沈琼,苏丹. 网约车对传统出租车行业冲击的实证分析:以滴滴打车为例 [J]. 河南工业大学学报(社会科学版),2017 (2):26-30.

[88] 盛洪. 分工与交易 [M]. 上海:上海人民出版社,1994.

[89] 宋刚. 交换经济论 [M]. 北京：中国审计出版社，2001.

[90] 宋援朝. 城市出租汽车客运管理与经营 [M]. 北京：人民交通出版社，2000.

[91] 孙宽平. 转轨、规制与制度选择 [M]. 北京：社会科学文献出版社，2004.

[92] 孙光. 基于自由选择权的出租车市场经营模式研究：以北京市出租车行业为例 [D]. 北京：北京交通大学，2007.

[93] 孙立平. 出租车业：一个半市场化改革的怪胎 [EB/OL]. (2006-05-02) [2017-12-22]. http：//www.eeo.com.cn/2006/0502/45062.shtml.

[94] 孙立平. 黑车与反制度式抗争 [EB/OL]. (2006-05-19) [2017-12-22]. http：//www.eeo.com.cn/2006/0519/44758.shtml.

[95] 谭崇台. 评曾繁华博士的《中国企业技术成长机制及竞争力研究》[J]. 经济研究，2002 (5)：88-91.

[96] 唐睿. 北京市出租车政府管制分析 [J]. 国家行政学院学报，2005 (2)：64-66.

[97] 田平印. 美国出租车市场准入方式 [J]. 运输经理世界，2007 (5)：47.

[98] 王军. 政府管制的经济和法律问题 [C] //北京天则经济研究所. 中国制度变迁的案例研究：第三集. 北京：中国财政经济出版社，2002.

[99] 王军. 出租车行业不需任何准入管制 [J]. 新闻周刊，2004 (37)：29-30.

[100] 王利民. 物权本论 [M]. 北京：法律出版社，2005.

[101] 王利明. 国家所有权研究 [M]. 北京：中国人民大学出版社，1991.

[102] 王俊豪. 中国政府管制体制改革研究 [M]. 北京：经济科学出版社，1999.

[103] 王小斌. 我国出租车行业政府管制研究 [D]. 厦门：厦门大学，2006.

[104] 王效贤，刘海亮. 物权法总则与所有权制度 [M]. 北京：知识产权出版社，2005.

[105] 王俊. 城市出租车市场规制研究 [D]. 南京：东南大学，2005.

[106] 王骏涛. 出租车管制的经济学分析 [D]. 杭州：浙江大学，2004.

[107] 汪亚军. 出租车市场相关主体利益及其最优运营模式 [J]. 探索，2009 (1)：137-142.

[108] 王泽鉴. 民法物权：第1册 [M]. 北京：中国政法大学出版社，2001.

[109] 魏杰. 仅有产权清晰是不行的 [J]. 改革与理论，1998 (11)：13.

[110] 吴易风. 产权理论：马克思和科斯的比较 [J]. 中国社会科学, 2007 (2): 4-18; 204.

[111] 武成义, 杜有晟. 客运出租汽车宏观发展的分析与预测 [J]. 内蒙古公路与运输, 2004 (3): 40-43.

[112] 武欣. 城市出租汽车发展相关问题研究 [D]. 成都: 西南交通大学, 2008.

[113] 吴宣恭. 论法人财产权 [J]. 中国社会科学, 1995 (2): 26-37.

[114] 夏兴园, 胡逢吉. 政治经济学新编: 社会主义市场经济理论 [M]. 北京: 兵器工业出版社, 1993.

[115] 杨帆. 我国出租车行业当前的经营监管模式及其未来发展思路的思考 [J]. 城市, 2007 (11): 46-50.

[116] 杨继瑞, 杨明洪. 城市客运出租汽车经营权有偿使用制度的若干思考 [J]. 经济体制改革, 1999 (4): 114-118.

[117] 杨明. 拍卖出租车经营权带来的讨论 [J]. 交通企业管理, 2007 (6): 41.

[118] 杨仁法. 城市客运出租车行业监控体系构建研究 [J]. 交通标准化, 2006 (6): 122-126.

[119] 杨仁法, 杨铭. 基于服务质量招投标的出租车市场准入与退出机制 [J]. 交通运输工程学报, 2006 (2): 118-124.

[120] 杨文敏, 夏宏强. 放松管制下公用事业的市场化: 由出租车事件引起的思考 [J]. 重庆工学院学报, 2006 (10): 49-52.

[121] 余晖. 政府管制失败的经典案例评《管制成本与社会公正: 透过北京市出租车业看政府管制的失败》[C] //北京天则经济研究所. 中国制度变迁的案例研究: 第四集. 北京: 中国财政经济出版社, 2005.

[122] 岳燕. 南京市出租汽车行业政府规制问题研究 [D]. 南京: 南京航空航天大学, 2007.

[123] 曾繁华. 论市场所有权 [J]. 中国工业经济, 2002 (5): 70-78.

[124] 曾繁华. 论市场所有权的起源与归属 [J]. 财政研究, 2002 (11): 23-25.

[125] 曾繁华, 彭光映. 论市场产权及其成本构成要素 [J]. 中南财经政法大学学报, 2007 (1): 10-15; 142.

[126] 曾繁华, 游保德, 程金亮. 基于市场产权的出租车市场经营权模式研究 [J]. 湖南社会科学, 2013 (4): 126-130.

[127] 曾繁华，王飞. 市场产权视野下地方债务风险和银行风险同步放大机理及化解研究［J］. 云南社会科学，2014（4）：85-88.

[128] 张军. 现代产权经济学［M］. 上海：三联书店上海分店，1991.

[129] 张妮. 专家建议出租汽车行业推行政府主导下规范的公司化经营模式：第五次学术午餐会侧记［J］. 中国发展观察，2008（5）：53-54.

[130] 张羽琦."互联网＋"背景下传统出租车改革与网约车发展［J］. 当代经济管理，2018（4）：46-51.

[131] 赵凌云. 市场力论：一个新的理论框架及其在中国经济体制分析中的应用［M］. 长沙：湖南出版社，1996.

[132] 植草益. 微观规制经济学［M］. 朱绍文，等，译. 北京：中国发展出版社，1992.

[133] 周家高. 英国出租车的经营和管理［J］. 经营与管理，1998（6）：47-48.

[134] 周林彬. 物权法新论：一种法律经济分析的观点［M］. 北京：北京大学出版社，2002.

[135] 周振华，刘志彪，施建军. 建立和完善多层次的法权让渡市场［J］. 财贸经济，1986（9）：5-10.

[136] 张维迎. 博弈论与信息经济学［M］. 上海：上海三联书店，上海人民出版社，2004.

[137] 朱婷婷. 出租车行业的政府规制研究［D］. 上海：华东政法大学，2008.

[138] 宗刚. 出租车市场的利益分配格局及对策［J］. 综合运输，2009（4）：28-30；48.

二、英文

[1] ARNOTT R. Taxi Travel Should Be Subsidized［J］. Journal of Urban Economics，1996（3）：316-333.

[2] ADRIAN T M，BALAKER T. Do Economists Reach a Conclusion on Taxi Deregulation？［J］. Econ Journal Watch，2006（1）：109-132.

[3] BEESLEY M E. Regulation of Taxi［J］. The Economic journal，1973（3）：150-172.

[4] BEESLEY M E. Competition and Supply in London Taxis［J］. Journal of Transport Economics and Policy，1979（1）：102-131.

[5] BEESLEY M E，GLAISTER S. Information for Regulating：the Case of

Taxis [J]. Economic Journal, 1983 (9): 594-615.

[6] SCHALLER B. An Analysis of Regression Mode of the Quantity of Taxi in American Cities [J]. Journal of Public Transportation, 2005 (5).

[7] CAIRNS R D, LISTON-HEYES C. Competition and Regulation in the Taxi Industry [J]. Journal of Public Economies, 1996 (59): 1-15.

[8] COASE R H. The Problem of the Social Cost [J]. Journal of Law and Economics, 1960 (3): 1-44.

[9] COFFMAN R B. The Economic Reasons for Price and Entry Regulation of Taxicabs: a Comment [J]. Journal of Transport Economics and Policy, 1977 (11): 288-297.

[10] ANDOLFATTO D. A Theory of Inalienable Property Rights [J]. Journal of Political Economy, 2002 (4).

[11] DEMPSEY P S. The Rational Basis for Economic Regulation of the Taxi Industry [R]. Working Paper, University of Denver College of Law, 2001.

[12] DEMSETZ H. Some Aspects of Property Rights [J]. Journal of Law and Economics, 1966 (9).

[13] DOUGLAS G W. Price Regulation and Optimal Service Standards: the Taxicab Industry [J]. Journal of Transport Economics and Policy, 1972 (20): 116-127.

[14] FAMA E F, JENSEN M C. Separation of Ownership and Control [J]. Journal of Law and Economics, 1983 (26).

[15] FRANKENA M W, PAUTLER P A. An Economic Analysis of Taxicab Regulation [J]. Research in Law & Economics, 1984 (9).

[16] FISCHER A J, et al. The Market for Taxi-cab Licenses: An Experimental Analysis [J]. International Journal of Transport Economics, 1992 (10): 329-353.

[17] GAUNT, CLIVE. Information for Regulators: the Case of Taxicab Licenses Prices [J]. International Journal of Transport Economics, 1996 (15): 331-345.

[18] WHITE R B, GILBERT G, SAMUELS R E. The Taxicab: an Urban Transportation Survivor [M]. New York: The University of North Carolina Press, 1982.

[19] GROSSMAN S J, HART O D. The Costs and Benefits of Ownership: a Theory of Vertical and Lateral Integration [J]. Journal of Political Economy, 1986 (94).

[20] YANG H, WONG S C, WONG K I. Demand-supply Equilibrium of Taxi Services in a Network under Competition and Regulation [J]. Transportation Research Part B, 2002 (36): 799-819.

[21] SCHROETER J R. A Model of Taxi Service under Fare Structure and Fleet Size Regulation [J]. The Bell Journal of Economics, 1983 (1): 81-96.

[22] MICHAEL A, CREW. Efficiency and Regulation: A Basis for Reform [J]. Managerial and Decision Economics, 1982 (4): 177-187.

[23] MORRISON P S. Restructuring Effects of Deregulation: the Case of the New Zealand Taxi Industry [J]. Environment and Planning, 1992 (29): 913-928.

[24] TEAL R F, BERGLUND M. The Impacts of Taxicab Deregulation in the USA [J]. Journal of Transport Economics and Policy, 1987 (1): 37-56.